NFT

Non Fungible Tokens

Un guide simple et complet en français pour les débutants

Créer, acheter, vendre, gagner.

Mettre en œuvre des mentalités et des stratégies NFT gagnantes, sécuriser les comptes et les portefeuilles. Le guide facile et révolutionnaire pour mieux comprendre ce que sont les NFT et comment les utiliser.

Francis Flobert
Éditeur Evolutpress

Copyright © 2022 - Francis Flobert

Tous droits réservés.

DÉDICACE

À mon père. Il n'était peut-être pas riche, mais il ne nous a jamais laissé manquer de rien. Merci beaucoup.

INDEX

1. Introduction	7
2. Les crypto-monnaies	9
3. La blockchain	12
4. Que sont les NFT ?	16
5. Histoire des NFT	20
6. Ce qui rend les NFT si uniques	34
7. Comment créer un NFT	36
8. Redevances	50
9. Achat et vente de NFT	56
10. Où acheter et vendre des NFT	66
11. Metamask : création et financement	80
12. Sécurité	90
13. Pourquoi quelqu'un dépenserait-il des millions de dollars... ?	105
14. L'avenir du NFT	113
15. Conclusions	124
Par le même auteur	127

MERCI

Merci beaucoup de m'avoir choisi.
Investir dans la formation revient à augmenter sa propre valeur et constitue le meilleur choix que l'on puisse faire.
Mot d'un apprenant permanent.
Il y a une citation d'Einstein qui m'est très chère et que je veux partager avec vous :

"N'importe quel idiot peut savoir, le but est de comprendre".

Quand je pense que je sais tout, je pense à lui qui me demande : "Est-ce que tu sais seulement ou est-ce que tu comprends vraiment" ?

Merci Albert.

Droits et avis juridiques

Toutes les stratégies et informations relatées dans ce livre sont le résultat d'années d'étude et d'expérience de l'auteur.

Les idées, contenues et opinions exprimées dans ce livre ne sont pas des conseils, ni des conseils financiers, ni une incitation à investir des capitaux ou toute autre forme d'actifs, ni une sollicitation pour exécuter ou utiliser des instruments financiers, une technologie, une plate-forme informatique, une bourse ou un courtier particuliers. Tout a été écrit à des fins éducatives uniquement.

En utilisant les informations contenues dans ce livre, le lecteur assume l'entière responsabilité de ses actes, dégageant l'auteur de toute responsabilité, coût ou dépense découlant de l'application directe ou indirecte du contenu de ce livre.

Aucune information contenue dans le livre ne constitue une offre, une invitation, une recommandation d'achat, de vente, de détention de crypto-monnaies ou de produits financiers, ou une sollicitation de l'épargne publique.

....

Tous les droits relatifs à cette publication sont réservés par la loi. Aucun contenu du livre ne peut être reproduit ou transmis pour quelque raison que ce soit sans le consentement écrit de l'auteur.

....

1 - INTRODUCTION

Rareté, authenticité, propriété. Ce sont les trois mots clés qui imprègnent les NFT et en font le fruit défendu d'aujourd'hui.

Bulle ou mine d'or numérique ? Les NFT ont sept vies comme les chats, et jusqu'à présent ils en ont déjà vécu trois.

- La première quand personne ne savait ce qu'ils étaient vraiment.
- La deuxième lorsqu'ils sont entrés dans une sorte de bulle spéculative avec des valorisations folles.
- La troisième, celle d'aujourd'hui, où ils sont enfin prêts à être adoptés par un large public payant.

Pour comprendre ce qu'ils sont et comment gagner de l'argent avec les NFT, il faut d'abord connaître l'espèce dont elles descendent génétiquement : les **crypto-monnaies**".

Au cours des dernières années, le terme crypto-monnaie est devenu très populaire. Si l'on compare le monde des crypto-monnaies au monde du cinéma, voici quelques-unes de ses stars: Bitcoin, Ethereum, BNB, Solana, Cardano, Polkadot, Polygon, Iota, Litecoin, CRO, Ripple, Dogecoin, Shiba Inu. Celles-ci sont quelques-unes des célébrités ayant actuellement des capitalisations parmi les plus élevées de tous les temps, c'est-à-dire qui sont les plus achetées sur le marché des crypto-monnaies.

Mais les choses changent rapidement sur ce marché : parfois le tweet du milliardaire du jour fait voler une crypto-monnaie ou en coule une autre, bouleversant le classement ci-dessus. Cependant, le temps est un gentleman, et les crypto-monnaies ayant derrière elles un projet solide, clairvoyant, transparent et fiable résistent sans broncher. Sans tenir compte des rumeurs, des cygnes noirs et des attaques sournoises des institutions financières centralisées, elles poursuivent leur chemin plus ou moins décentralisé.

2 - LES CRYPTO-MONNAIES

Les crypto-monnaies peuvent être définies comme une sorte de monnaie numérique, faite de bits, de pur calcul mathématique. Elles résident sur le réseau informatique d'Internet, contrairement aux monnaies fiduciaires ayant cours légal comme le dollar, l'euro, la livre et le yen, qui sont tangibles, passent de main en main et que tout le monde connaît et désire plus ou moins ardemment. Les crypto-monnaies sont principalement stockées ou échangées entre deux ou plusieurs personnes. L'échange s'appelle une **transaction**. Pour exécuter une transaction, il n'est pas nécessaire qu'une banque s'interpose et prenne son pourcentage, comme nous y sommes habitués dans le système financier traditionnel. La transaction peut avoir lieu directement entre deux parties : l'acheteur et le vendeur, sans l'aide d'un tiers. Il suffit d'une application sur votre smartphone, ou bien elle peut se faire sur une plateforme en ligne, « **l'échange** », par laquelle des individus et des groupes se connectent via des outils numériques (appareils tels que des ordinateurs, des smartphones, des tablettes, etc.). Les montants en espèces, l'identité et la localisation des personnes impliquées dans la transaction sont connus par l'échange qui fournit l'infrastructure et la sécurité, mais ne sont pas visibles. En ce sens que si j'achète un bitcoin, je ne connais pas l'identité de la personne qui l'a mis en vente.

Le réseau utilisé dans les transactions circule sur Internet, les informations échangées sont constituées de blocs de chaînes informatiques nécessitant l'approbation des parties participantes pour être vérifiées et aboutir.

L'échange de crypto-monnaies s'apparente au système de paiement "connu" via les moyens classiques : guichets automatiques, cartes, PayPal, etc., qui effectuent des transactions à cours légal. Cependant, au lieu d'euros, de dollars et d'autres monnaies fiduciaires, ce sont des crypto-monnaies numériques qui sont échangées.

La manière dont les crypto-monnaies sont échangées les rend moins sujettes aux pratiques frauduleuses. L'ensemble de la procédure nécessite un contrôle autorisé. Il utilise des processus de sauvegarde numérique qui garantissent que toutes les transactions sont protégées.

Les crypto-monnaies, ou « tokens », sont des actifs numériques qui évoluent et se développent chaque jour en même temps que la technologie cryptographique et les blockchains sur lesquelles elles sont enregistrées de manière permanente, indélébile et immuable.

La blockchain est le registre des transactions de crypto-monnaies, qui peut être consulté par tout le monde et qui, je le répète encore une fois, est immuable.

3 - LA BLOCKCHAIN

Ouvrons une brève, mais nécessaire parenthèse sur la **blockchain**. Pour ceux qui ne connaissent pas cette notion, en termes simples, la blockchain est un registre informatique, une base de données dans laquelle sont stockés toutes les opérations, les changements et les mouvements relatifs à un projet fondé sur un réseau informatique.

1. Toutes les transactions sont **stockées** dans un système de blocs interconnectés, d'où le nom de "blockchain".
2. La blockchain est **transparente,** car tout le monde peut lire les transactions qui ont eu lieu.
3. Elle est **repartie,** car la base de données qui recueille toutes les données de la blockchain est **redistribuée** sur tous les ordinateurs qui font partie de ce réseau et ils se mettent à jour simultanément.

4. Elle est **sécurisée** non seulement grâce à la cryptographie, mais aussi parce que la même base de données est distribuée sur tous les ordinateurs du réseau blockchain. Par exemple, si un pirate voulait frauder ou s'approprier des bitcoins qui ne sont pas les siens, il devrait d'abord faire sauter un système de sécurité actuellement inexpugnable ; puis pirater plus de la moitié des milliers de nœuds publics et cachés dans lequels le grand livre est distribué, pour le modifier un par un. Et, même dans ce cas, il resterait une trace de la modification frauduleuse.

Les NFT, comme toutes les autres crypto-monnaies, sont enregistrés sur la blockchain et sont soumises à ses règles et garanties.

Connaissez-vous un journal intime dans lequel tout, absolument tout, est écrit ?
C'est la blockchain.

Les jetons non fongibles (NFT) sont effectivement en train de devenir l'une des célébrités du star-system des crypto-monnaies. Certains considèrent qu'il s'agit d'un investissement viable et rentable, utilisé de préférence par les acheteurs maîtrisant le numérique et par la jeune génération, plus férue de technologie. D'autres pensent que ce jeton cryptographique émergent sera l'avenir des œuvres d'art et des objets de collection, promettant des gains stratosphériques pour ceux qui s'y connaissent. D'autres encore pensent qu'il ne s'agit que d'une mode passagère.

Où est la vérité ?

Avec ce livre, nous sommes là pour explorer et vous éclairer. Comprendre ce que sont les NFT, comment ils sont créés, achetés, vendus, échangés, brûlés, bref, comment ils fonctionnent, comment vous y gagner et comment les utiliser au mieux. Nous évaluerons également ensemble l'importance du trading de NFT pour gagner et s'enrichir et le potentiel de ce nouvel espace émergent dans un futur proche.

Pour moi, expliquer le NFT aujourd'hui, c'est un peu comme lorsque j'essayais d'évangéliser et d'expliquer Internet au début des années 1990. Dans les salons internationaux, je me souviens encore des expressions incrédules des curieux qui me regardaient comme un visionnaire lors de mes démonstrations. Après ma présentation, quand ils sont partis, tout le monde m'a félicité. Ils ont demandé la brochure d'information en guise de souvenir. Mais, je sais qu'au fond d'eux-mêmes, ils pensaient que ce que je leur avais dit ne se produirait peut-être que dans une faible mesure. Cependant, la réalité a dépassé l'imagination. En fait, nous parlons ici de crypto-monnaies et de jetons non fongibles…

C'est bizarre, n'est-ce pas ?

4 – QUE SONT LES NFT ?

Dans le monde des crypto-monnaies, il existe deux types de jetons : fongibles et non fongibles. Les jetons **fongibles** sont comme de la monnaie fiduciaire en circulation et ont cours légal. Un dollar est toujours un dollar, quel que soit le numéro de série différent imprimé sur le billet. Un billet d'un dollar peut être échangé contre tout autre billet d'un dollar. En revanche, les jetons **non fongibles** (NFT) sont uniques et ne peuvent être remplacés par aucun autre jeton. Les NFT sont donc utilisés pour représenter des **actifs numériques uniques**, comme ce fut le cas avec les CryptoKitties et les bâtiments virtuels sur Decentraland.

Les NFT sont un phénomène très intéressant. Précisément parce que leur **caractère unique** et leur **propriété** peuvent être **vérifiés**, qu'ils peuvent être utilisés dans des applications développées par des entreprises et des sociétés très différentes et qu'ils peuvent être facilement échangés sur des places de marché. Ces fonctionnalités ouvrent des horizons pour de nouveaux cas d'utilisation et modèles commerciaux.

Une fois créés, ils ont une **preuve d'authenticité, car** ils ont une **propriété numérique**, c'est une preuve créée de telle manière qu'elle ne peut pas être contrefaite. Les règles de négociation et de création de jetons non fongibles sont enregistrées dans les **smart contracts** (contrats intelligents) dirigent la **blockchain** sur laquelle ils sont greffés et qui dictent les règles.

Le contrat intelligent, en quelques mots simples, est un logiciel, un programme informatique, un **protocole** qui régit et exploite de manière autonome une partie de la blockchain pour laquelle il a été créé. Ces informations enregistrées dans les contrats intelligents constituent l'unicité des NFT et les certifient. Aucun autre jeton ou NFT ne peut les remplacer et ne peut être confondu avec un autre NFT car chacun est **unique** et, comme pour les empreintes digitales, il n'y a pas deux NFT identiques : ils sont donc **"non** fongibles".

Pour les crypto-monnaies, en revanche, ses plus proches parents, le Bitcoin, l'Ethereum et autres cryptos se comportent comme des dollars : l'un vaut l'autre. Vous pouvez envoyer un bitcoin à un autre portefeuille et celui-ci peut vous le renvoyer, ou vous renvoyer deux fois la moitié d'un bitcoin, tout le monde se retrouvera toujours avec un bitcoin ayant la même valeur marchande actuelle. Ils sont de ce fait des **"jetons fongibles"**.

Les jetons **"non fongibles"** sont des pièces uniques, comme La Joconde de Léonard de Vinci, et ne peuvent être divisés, car ils constituent une mesure indivisible du contrat intelligent. Achèteriez-vous un petit découpage de la toile de la Joconde pour n'en posséder qu'un petit morceau ?

Les jetons non fongibles sont de nature numérique et représentent la propriété d'œuvres d'art, d'images, de vidéos, de musique, de tweets et d'autres contenus sociaux. Le processus par lequel les jetons non fongibles sont créés est appelé **"frappe"** et est semblable à la création de pièces métalliques qui sont frappées ou imprimées afin que leur authenticité puisse être vérifiée. La frappe d'un NFT produit quelque chose d'unique : un jeton créé avec la technologie blockchain possède à toutes fins utiles un **certificat électronique d'authenticité**. Mais, avant de nous plonger dans la création des NFT, jetons d'abord un coup d'œil à l'histoire de ces jetons uniques et à la façon dont ils ont vu le jour.

5 – L'ISTOIRE DES NFT

L'origine des NFT remonte à 2011, bien que la première personne à créer un NFT fût Kevin McCoy en 2014, qui a nommé son premier jeton non fongible "Quantum", tout cela avant l'explosion du marché des crypto-monnaies. L'art cryptographique est né de ce que l'on appelle les CryptoPunks, le Rare Pepes et les CryptoKitties. Les courants artistiques suscités par ces sujets ont également fait l'objet de nombreuses critiques négatives. Dues principalement à la manière controversée de faire de l'art et aux effets viraux du réseau qui voit ces œuvres être achetées, parfois, en échange de sommes d'argent énormes et imméritées.

Le phénomène émergent des Crypto Arts a généré, à cette époque, la tendance des pièces de couleur par laquelle de nombreux individus et projets artistiques ont commencé à bouger et à gagner du terrain. Les NFT ont littéralement émergé de ce que l'on appelle une pièce colorée, lancée pour la première fois sur la blockchain Bitcoin entre 2012 et 2013. Ces pièces de couleur étaient des types de jetons qui représentaient sur la blockchain des biens tangibles, des ressources, des actifs qui existaient réellement dans le monde réel. Il s'agissait de **preuves de la propriété** de biens immobiliers, de métaux précieux, de voitures, d'obligations financières et d'actions. Ces jetons colorés, créés sur la toute jeune blockchain du bitcoin, certifiaient effectivement la propriété d'actifs existant dans le monde réel. L'apparition de ces pièces colorées a marqué un premier pas vers une nouvelle technologie, qui a servi de tremplin pour leur utilisation dans les projets à venir.

Le succès rencontré par la création des jetons colorés a donné naissance à ce que l'on appelait en 2014, la « Counterparty ». Counterparty a été développée comme une plateforme financière sans intermédiaire, distribuée et créée sur le protocole internet open source, formée sur la blockchain de Bitcoin. Elle permettait la création d'actifs et l'échange décentralisé, donnant à ses utilisateurs la possibilité de négocier leurs propres monnaies numériques. Cela a ouvert tout un monde d'opportunités qui ont conduit à la création et au développement du marché unique et sans contrefaçon des NFT.

Après environ un an, en 2015, Counterparty a formé un partenariat avec « Spells of Genesis », une équipe de personnes impliquées dans le « jeu" » et l'émission de cartes pour le jeu et la collection. Spells of Genesis a été non seulement le pionnier de l'émission de ressources pour le jeu, mais encore l'un des premiers groupes à lancer une ICO, c'est-à-dire un système de collecte de fonds non réglementé. Counterparty a ainsi pu s'autofinancer et améliorer son développement à tel point qu'elle a introduit sa propre monnaie dans le jeu, connue sous le nom de Bit Crystals.

Le développement qui a suivi, avec la création et l'adoption d'une monnaie de jeu, a suscité l'émergence de nouvelles tendances. Counterparty a collaboré à un jeu de cartes à collectionner populaire appelé « Force of Will » en plaçant ces cartes sur sa plateforme Counterparty. À cette époque, Force of Will était un jeu populaire et figurait dans le top 5 des jeux de cartes à collectionner les plus vendus en Amérique du Nord. Le placement des cartes à jouer sur la blockchain de Counterparty a largement contribué à augmenter la valeur de Force of Will.

2016 a été l'année qui a vu la popularité des « **mèmes** » sur le net, lorsque les mèmes ont commencé à inonder le marché en masse. Le mème, pour ceux qui l'ignorent, est un contenu numérique, une image avec des légendes ou une vidéo, souvent dans un style humoristique, qui devient viral sur les réseaux sociaux.

Au cours des derniers mois de 2016, la liste des mèmes sur la plateforme Counterparty a considérablement augmenté, car les personnes ont commencé à ajouter des ressources aux mèmes. Le plus populaire était connu sous le nom de Rare Pepes. Les Pepes rares étaient des mèmes représentant des personnages de grenouilles amusants qui, au fil du temps, ont gagné en popularité et ont fait de nombreux adeptes dans le monde entier. Le personnage de dessin animé Pepe the Frog est devenu très connu sur Internet.

Représentation graphique réalisée par l'auteur F. Flobert

En 2017, ce Rare Pepes ont également fait leur chemin sur la blockchain Ethereum et ont commencé à être échangés. Le Rare Pepe Wallet a été créé en réponse à un besoin qui s'est fait sentir sur Crypto Art pour que les personnes puissent échanger et vendre leurs œuvres d'art numériques. C'était la première fois que l'art numérique avait suffisamment de valeur pour être stocké dans un portefeuille.

Avec la popularité croissante de Rare Pepes, les fondateurs de Larva Labs ont créé leurs propres personnages générés sur la blockchain Ethereum et ont établi qu'il n'y aurait jamais deux personnages identiques dans leur collection. Dans le projet connu sous le nom de CryptoPunks, deux standards ont été utilisés : ERC721 et ERC20 hybride.

ERC20 est le protocole le plus courant pour les jetons fongibles sur la blockchain Ethereum. Cependant, il **ne peut pas** être utilisé pour créer des jetons uniques non fongibles, c'est-à-dire uniques et originaux. ERC721 est plutôt utilisé pour les jetons non fongibles.

Avec l'ERC721, les NFT ont donc pu se faire un nom avec le projet plus connu sous le nom de CryptoKitties. Le CryptoKitties est un jeu virtuel qui permet aux joueurs d'adopter, d'élever et d'échanger des chats virtuels en utilisant la blockchain Ethereum. Ces chatons crypto ont connu un succès explosif grâce à leur jeton, qui est depuis devenu populaire, gagnant en fonctionnalité sur les principaux points de vente et préparant le terrain pour la création et l'échange de pièces NFT. CryptoKitties trouve son origine dans une entreprise basée à Vancouver, au Canada, connue sous le nom d'Axiom Zen, qui a nécessité divers investissements grâce auxquels le nombre d'utilisateurs du jeu a augmenté. Axiom Zen s'est ensuite transformé en ce qui deviendra Dapper Labs.

Entre 2018 et 2021, les NFT ont commencé à gagner une popularité croissante et ont explosé dans l'adoption générale au début de 2021.

Mais, cela ne s'est pas fait du jour au lendemain. Il est lentement passé du statut de mouvement underground à celui de mouvement qui a pris d'assaut la communauté cryptographique et, plus tard, l'art grand public. Les projets NFT ont donc continué à gagner du terrain et à se développer de plus en plus au fil des ans.

Grâce aux méthodes de transfert numérique des actifs, le développement des NFT est de plus en plus efficace et fiable. Cela a entraîné la création croissante de nombreuses plateformes de marché en ligne. La principale motivation découle du besoin des artistes et des acheteurs de **supprimer les coûts** des honoraires des **courtiers en art** traditionnels. Les maisons de vente aux enchères et autres courtiers prennent jusqu'à 40 % de commission sur la vente des œuvres exposées. Voici comment sont nées des plateformes telles qu'**OpenSea**, véritable bouffée d'air frais dans le courtage NFT. OpenSea est considérée comme la place de marché la plus importante et la plus connue pour la distribution d'art, de musique, de noms de domaine, d'objets de collection et de cartes à collectionner. **Mintable** est une autre plateforme importante, dont l'objectif principal est de rendre le processus de frappe de monnaie aussi simple que possible pour les créateurs. Une autre plateforme, connue sous le nom de **Portion,** tente également de relier NFT, DeFi (finance décentralisée) et DAO (contrat intelligent), grâce à son jeton de gouvernance : $PRT. Certaines autres plateformes, comme **Niftex**, permettent aussi aux utilisateurs d'acheter des fractions de jetons ERC20 qui représentent une partie du NFT complet. Lorsque cette tendance à créer également des fractions NFT s'est manifestée, elle a laissé entrevoir un avenir passionnant pour la technologie NFT et son adoption massive.

De nombreux artistes ont commencé à tirer parti de la technologie blockchain d'Ethereum et à imaginer un monde dans lequel les artistes peuvent étendre davantage leur créativité. Avec l'avantage d'avoir une pertinence et un impact plus larges et plus étendus, qui peuvent les mettre en contact avec beaucoup plus de personnes, heureuses d'être des collectionneurs de leurs œuvres.

L'histoire des technologies NFT montre qu'il y a

encore beaucoup à faire dans ce domaine. Il est possible de passer d'un début aussi brut et humble à quelque chose de très grand public, où beaucoup de personnes seront impliqués. Cela nécessitera davantage d'investissements, de collaborations, de transferts de redevances et de connexions plus directes entre les artistes créatifs et les collectionneurs d'art qui feront bientôt de la NFT une action plus quotidienne, échantillonnée par de nombreux artistes dans le monde.

La divulgation des CryptoKitties et d'autres jetons standard ERC721 a favorisé le développement rapide des NFT sur la blockchain Ethereum, mais également sur d'autres blockchains qui s'en inspirent. Depuis lors, de nombreux projets NFT ont été créés dans divers domaines, des jeux vidéo à l'art et autres projets virtuels dans le Métaverse.

Avec les énormes développements que les NFT ont acquis ces dernières années, il est évident que la voie s'ouvre pour qu'ils deviennent une opération à grande échelle. Avec pour conséquence la création de richesses pour les artistes et les communautés sur la scène mondiale. Ce mouvement se transforme progressivement en une communauté de plusieurs milliards de dollars qui recherche la combinaison exacte de ses éléments : art et réglementation, technologie et protocoles, investissement et sécurité.

De nombreuses personnes, surtout les artistes, mais pas uniquement, commencent progressivement à **gagner de l'argent** grâce à cette nouvelle technologie passionnante, jour après jour. Avec eux se trouvent également les acheteurs qui, dans de nombreux cas, voient la valeur des NFT qu'ils achètent s'apprécier.

L'argent et la finance existent depuis le début de la civilisation humaine. La crypto-monnaie est le dernier avatar numérique. Dans les années à venir, nous pourrons voir tous les services financiers que nous utilisons dans le système traditionnel de monnaie fiduciaire, reconstruits au sein de l'écosystème des crypto-monnaies. Nous avons déjà assisté à la création de l'or numérique du bitcoin, des magasins numériques de valeur, de la finance décentralisée, de la révolution du prêt sur les plateformes de prêt et de capitalisation…

Quelle sera la prochaine étape ?

La première génération de **DeFi** (Decentralized Finance) s'appuyait fortement sur la sécurité comme protection contre le risque. Autrement dit, vous deviez déjà posséder la crypto-monnaie et l'offrir en garantie pour emprunter d'autres crypto-monnaies. Les prêts et les emprunts non garantis traditionnels devront s'appuyer sur un système qui permet aux emprunteurs de faire jouer l'effet de levier du crédit et d'augmenter leur capacité de prêt. Contrairement aux systèmes modernes de propriété et de crédit, la propriété partagée sera universelle et préservera la vie privée.

Nous voyons également de nouvelles choses dans le secteur des assurances. La plupart des prêts DeFi (Decentralized Finance) récents sont sur-collatéralisés (ce qui signifie que le prêt semble être naturellement sûr en raison de la générosité des ressources financières stockées dans une position fixe). Mais si un criminel trouve une faille et exploite un bug dans le code source ouvert du contrat intelligent, des millions de dollars pourraient être perdus à jamais. Des groupes tels que Nexus Mutual créent des assurances qui peuvent protéger les utilisateurs en cas de fraude ou de piratage du contrat intelligent qui régit le système dans lequel ils ont investi.

Une autre tendance que nous observons est une meilleure expérience de l'utilisateur. La première génération de **Dapps** (applications décentralisées) ou de contrats intelligents a été développée par des informaticiens passionnés de blockchain. Ces Dapps ont fait un excellent travail en présentant les nouvelles opportunités excitantes de DeFi. Cependant, leur utilisation laissait beaucoup à désirer, tout était trop complexe et peu intuitif à utiliser. Les applications récentes du DeFi donnent la priorité à la conception et à la **facilité d'utilisation,** et ces caractéristiques attirent un large public et attirent les fonds disponibles pour les projets.

À l'avenir, nous nous attendons à plus de **magie** au sein du système financier décentralisé : les crypto-monnaies apportent de l'argent en ligne, beaucoup d'argent. C'est une occasion rare que nous avons, de voir une nouvelle industrie s'épanouir dès le début. Dans un premier temps, l'espace DeFi correspondra à l'industrie récente des services financiers. Mais, au fil du temps, il nous est impossible de dire quelles nouvelles choses vont émerger, car toute personne capable de concevoir et d'écrire le code informatique pour construire un service financier utile et utilisable pourra le faire librement et démocratiquement. Il appartiendra ensuite à la communauté des utilisateurs de décider de son succès ou de son échec sur la base des avantages qu'il apporte.

6 - CE QUI REND LES NFT SI UNIQUES

Les NFT sont connus pour être une ressource unique, c'est ce qui les rend spéciaux. Les informations **uniques** des NFT sont stockées dans les **métadonnées** du jeton et enregistrées sur la blockchain, c'est le processus qui le rend unique. Ils sont généralement liés à un actif particulier et peuvent être utilisés pour prouver la propriété d'objets créés numériquement, tels que des cartes à jouer. Ces caractéristiques non fongibles les rendent plus spéciaux et uniques que d'autres actifs fongibles, tels que les autres crypto-monnaies et les billets de banque fiduciaires qui sont identiques les uns aux autres. Les NFT sont uniques et n'ont pas la même valeur lorsqu'ils sont échangés.

L'identité et la propriété uniques des NFT sont vérifiées et vérifiables sur le grand livre de la blockchain, ce qui les rend sécurisés. Ils peuvent représenter la preuve de la propriété d'objets physiques tels que des œuvres d'art, des sacs à main coûteux, des montres, des bijoux, etc. La trace de la propriété des NFT est connue sous le nom de **"provenance"**, c'est-à-dire qu'ils ont un **historique suivi**. La provenance a de la valeur : regardez les vins fins, le champagne, les truffes, etc. Les NFT peuvent également être liés à des objets physiques et à des expériences personnelles, comme l'accès à des spectacles et à des concerts privés. Un NFT peut être vendu par le créateur initial ou par l'acheteur. L'acheteur peut le remettre en vente, ce qui lui permet de **gagner de l'argent sur la différence** entre le prix d'achat et le prix de vente. Un marché au potentiel très particulier, d'autant plus qu'il n'en est encore qu'à ses débuts, comme le vieux « far west ».

7 – COMMENT CRÉER UN NFT

La plupart des créations de jetons non fongibles sont réalisées par des créateurs indépendants, tout comme vous pouvez l'être, sur la blockchain Ethereum. Les NFT, comme indiqué dans le chapitre précédent, représentent un objet numérique unique tel qu'une œuvre d'art, une photo, une animation, un objet de collection, un tweet, etc. Si vous comprenez ce qu'ils sont, vous vous rendrez compte qu'ils représentent une opportunité révolutionnaire et vraiment exceptionnelle.

Nous avons dit que les NFT sont uniques et que leur authenticité et leur propriété peuvent être démontrées, car elles peuvent être distinguées les unes des autres à l'aide de **métadonnées** et d'identifiants uniques. Les informations contenues dans le code constituent la ressource. Les métadonnées sont des informations uniques qui permettent aux utilisateurs d'acheter ou de vendre des objets numériques sur la base de leur code unique plutôt que sur les caractéristiques de l'objet physique présenté à la vente. Les NFT sont donc développés pour reproduire les attributs des objets physiques tels que l'**unicité**, la **rareté** et la **preuve de propriété**. Cela contraste avec les biens fongibles classiques qui peuvent être facilement remplacés les uns par les autres sans que le résultat change (un billet de 100 euros est aussi bon qu'un autre, pour autant que vous le possédiez).

Les précurseurs des jetons non fongibles créés au début de l'ère NFT étaient des prototypes, comme nous l'avons dit, il s'agissait de pièces de couleur liées à des ressources expérimentales créées sur la blockchain Bitcoin en 2012. Ces ressources représentaient un marqueur non fongible échangeable uniquement sur la blockchain Bitcoin, qui a ensuite évolué pour devenir ce que nous connaissons aujourd'hui sous le nom de NFT. Au fil du temps, les choses et les scénarios ont évolué, jusqu'à ce qu'aujourd'hui, les NFT soient utilisés pour donner un caractère unique aux arts numériques, aux jeux, à la musique, aux objets du monde réel, etc.

Les NFT peuvent également être empruntés ou laissés en garantie d'un prêt.

Une véritable révolution artistique et économique !

La **création de** NFT, bien qu'unique, est un processus très **simple**. Toute personne intéressée par la vente et le partage de produits numériques tels que le contenu, l'art, la musique et la photographie peut essayer et réussir à créer des NFT.

Pour créer un NFT, l'utilisateur doit :

1. **Choisir** le contenu qu'il souhaite monnayer.
2. Utiliser un porte-monnaie électronique.
3. Choisir une **place de marché** NFT appropriée pour son art en ligne. Et, suivre les instructions de la plateforme (OpenSea, Rarible, etc.), qui lui indiquera les étapes à suivre pour créer le jeton non fongible et que nous verrons pas à pas dans un instant...

Mais, il est essentiel, avant de créer un NFT, de connaître la valeur de votre art numérique afin d'avoir une idée du prix à fixer.

Comprendre la valeur des NFT

Avant de créer des NFT, il est indispensable de comprendre leur valeur, car il est essentiel de pouvoir la quantifier, c'est-à-dire d'y mettre un prix.

Le cas de l'artiste "Beeple" : l'un des arts numériques les plus chers de l'histoire de l'art cryptographique, il a été acheté pour 69,3 millions de dollars lors d'une vente aux enchères de Cristie's en mars 2021. Ce qui soulève la question suivante : « quelle est la valeur des créations numériques et pourquoi les collectionneurs dépensent-ils autant d'argent pour les acquérir ? ». Par exemple, le NFT "Everydays: the first 5,000 days" de Beeple, un collage de quelque 5 000 dessins faisant référence à des œuvres créées chaque jour au cours des treize dernières années et demie de l'artiste, a déclenché un véritable défi. Bien que toutes les œuvres d'art numérique ne soient pas réussies, peu d'entre elles ont été réalisées dans des circonstances aussi exigeantes. D'autres ne nécessitent pas de contributions complexes de la part du créateur avant d'être vendues avec succès.

C'est pourquoi un créateur de NFT doit avoir un objectif en tête et un haut niveau de créativité. La chose la plus importante qu'un aspirant créateur de NFT doit posséder est qu'il doit avoir des idées **étonnantes** et **révolutionnaires** qui lui ouvriront la voie du succès.

La technologie NFT est idéale pour préserver la **rareté** et permet également d'établir la **propriété numérique** des biens tangibles. Les NFT offrent aux créateurs numériques des options réelles et exceptionnelles pour monétiser leur travail, offrant un niveau de flexibilité qui fait défaut à l'industrie créative actuelle. La création et la distribution des NFT contribuent également à donner aux artistes un accès illimité à un large éventail de réseaux sur la scène mondiale, les mettant en contact avec d'autres artistes partageant les mêmes idées.

Création d'un NFT étape par étape

La création d'un NFT est avant tout un **processus économique**, et non technique. Il n'est pas nécessaire de suivre des connaissances complexes pour le mettre en œuvre ; avec les bons conseils, n'importe qui peut créer un NFT.

Je vais vous montrer ci-dessous un guide et une série de procédures simples pour créer un NFT.

Nous le voyons en détail dans cette section.

1. **Choisissez le contenu qui vous convient.** C'est la première chose à estimer lors de la création d'un NFT. Voici un exemple : le premier code source du web a été créé par le fondateur du World Wide Web, Sir Tim Bernes Lee. Eh bien, ce code informatique a été réalisé sous la forme d'un NFT et a été vendu pour 5,4 millions de dollars. Certaines créations et inventions originales peuvent également créer un NFT, comme la souche DNA. Il existe

plusieurs formes de représentation des actifs non numériques du monde réel, qu'il s'agisse de biens immobiliers, de baskets, d'œuvres de créateurs ou de vêtements pouvant être vendus sous forme de NFT. En qualité de créateur, vous avez une liberté totale quant à votre choix, la seule limite dépendant du thème de votre œuvre et de votre imagination.

2. **Choisissez le format que vous souhaitez pour votre NFT.** C'est vous, le créateur, qui décidez du contenu et du format dans lequel vous allez représenter votre NFT. Un jeton non fongible peut être généré à partir d'un fichier média : peinture numérique, photo, texte, animation, fichier audio ou vidéo, issu d'un événement unique et remarquable. Ces produits créatifs tels que les objets à collectionner, les articles de jeu virtuels comme les avatars, les armes, l'arsenal et la monnaie de jeu peuvent être représentés comme des NFT.

Il y a beaucoup de place pour que les créatifs partagent leurs idées, car la plupart des choses peuvent devenir des NFT.

3. **Convertissez** le format de votre travail dans le type de fichier numérique approprié. En effet, le NFT est un jeton numérique, et en qualité de tel, il doit être stocké dans un format numérique. De nombreux éléments NFT ont tendance à être stockés dans des fichiers **PNG** ou **GIF**. Les éléments composés de texte doivent être mis à disposition en format de document portable (**PDF**). Les éléments musicaux sont stockés au format **MP3** et les vidéos sont conservées au format **MP4**.

4. **Choisissez la place de marché** qui vous semble la plus appropriée pour votre NFT (OpenSea, Rarible, etc.).

5. **Connectez** votre **portefeuille Metamask** (ou un portefeuille de confiance) et assurez-vous que vous disposez des fonds

nécessaires pour autoriser les transactions de monnayage.

6. **Suivez pas à pas le processus de création** établi par la plateforme de votre choix (OpenSea, Rarible, etc.).

7. **Téléchargez** sur la plateforme votre contenu à embosser en NFT (fichiers PNG, JPG, GIF, MP4, etc.).

8. **Veuillez saisir les caractéristiques** de votre NFT dans les champs prévus à cet effet. Pour vous faire une idée, parcourez les galeries de NFT à vendre et voyez ce que les autres ont écrit pour avoir une idée de ce que les personnes veulent savoir.

9. **Fixez le prix et les redevances.**

10. **Créez votre NFT** en autorisant la transaction sur votre porte-monnaie, qui s'ouvre automatiquement.

11. **Profitez** de votre jeton non fongible.

12. **Faites de la promotion.** Les NFT ne se vendent pas toutes seules au début !

Créer des NFT uniques

Une grande partie de la valeur des NFT est définie par leur caractère **unique**. Cela ne signifie pas que les NFT ne sont créés qu'en un seul exemplaire, car il existe des situations où il est nécessaire de faire plusieurs copies identiques des éléments produits. Cette circonstance se produit lorsqu'il est nécessaire de proposer plusieurs versions d'un objet de collection à des groupes spécifiques. Le créateur doit donc **décider du nombre de copies identiques** d'une NFT à inclure dans la blockchain, car le nombre de copies sera fixe et la NFT deviendra immuable après sa création.

La frappe crée un jeton non fongible qui transforme l'objet numérique en une ressource sur la blockchain. Ce processus est semblable à la manière dont les pièces de monnaie métalliques conventionnelles sont produites et mises en circulation pour être utilisées. Les NFT sont également frappés dès qu'ils sont fabriqués et grâce à ce processus de frappe, les NFT deviennent sûrs et **non manipulables**.

Une fois que les NFT frappés sont **enregistrés** sur la blockchain, ils peuvent être achetés, vendus, échangés, ce qui rend possible le suivi numérique, notamment lorsque le jeton est revendu ou proposé en collection à l'avenir.

Une grande partie de l'activité de frappe de monnaie NFT s'est déroulée sur la blockchain Ethereum au cours des derniers mois. Pour pouvoir monnayer et faire quoi que ce soit d'autre, vous devez disposer d'un **portefeuille** compatible avec le Web 3.

Une fois que vous avez maîtrisé la technique de création, de mise en vente et de promotion de vos articles, **si l'œuvre a de la valeur et est appréciée**, vous commencez à gagner de l'argent. Ce qui permet de verser constamment des commissions au créateur de l'article NFT lors d'un changement de propriété de l'article NFT référencé. C'est pourquoi les créateurs de NFT peuvent programmer ce qui est considéré comme une clause de **redevance** pendant le processus de frappe. Ce qui permet de générer un **revenu passif** pour le créateur lors d'une vente ultérieure du jeton NFT. Au fur et à mesure que la valeur de l'objet symbolique augmente, le créateur de la NFT en tire également un bénéfice monétaire proportionnel.

En qualité de créateur, il y a de nombreux avantages à créer son propre objet, dont le plus lucratif et le plus satisfaisant est la jouissance des droits d'auteur et des redevances connexes sur l'objet numérique à chaque vente.

Pénurie

Le créateur d'un NFT peut déterminer la rareté de son bien à sa guise. Cette caractéristique très importante déterminera la valeur du NFT à l'avenir en fonction de sa **rareté**. Prenons l'exemple d'un événement sportif impliquant la vente de billets. Supposons que la finale de la Ligue des champions de football se joue entre le Real Madrid et Manchester. Il s'agit sans aucun doute d'un grand match qui a tendance à attirer beaucoup de monde dans le stade. L'organisateur a trois possibilités :

a) Il peut choisir le nombre de billets à vendre et fabriquer un certain nombre de répliques du billet en frappant, par exemple, un NFT de mille.

b) Il peut faire en suite que quelques billets soient identiques, tandis que d'autres sont légèrement différents les uns des autres, c'est-à-dire qu'un NFT frappe parmi ses jetons un objet spécial légèrement différent des autres, et donc rare, à collectionner. Par exemple, 500 billets pourraient être marqués d'un code-barres portant le nom de famille de l'acheteur du billet.

Un créateur peut alors vouloir rendre chaque élément NFT unique afin de créer la rareté de la chose.

c) Alors qu'un autre créateur pourrait vouloir produire une série de dix mille répliques identiques du billet

NFT qui seront distribuées gratuitement au public qui en fera la demande, peut-être comme souvenir, pour rappeler à ceux qui l'ont "j'y étais !".

8 - LES REDEVANCES : LA VRAIE GRANDEUR DU NFT

Chaque fois que l'objet NFT est vendu ou qu'il y a un changement de propriétaire, le créateur initial de l'objet reçoit un paiement de **redevance**. Pour donner un exemple concret, prenons un cas frappant : "EulerBeats", un projet rien moins que génial que vous pouvez voir, ou plutôt écouter à "eulerbeats.com", récompensé par des gains de plusieurs millions de dollars. EulerBeats a symbolisé des morceaux de musique générés mathématiquement par algorithme, les a introduits dans la blockchain, a frappé le NFT correspondant à chaque morceau et a vendu sa première collection pour un peu plus d'un million de dollars. La seconde collection, après le succès de la première et la renommée acquise, a rapporté 3,3 millions de dollars : des gains exceptionnels !
Mais, nous sommes dans le chapitre traitant des redevances et le véritable **revenu passif** provient des

8 % de redevances qu'EulerBeats reçoit chaque fois que le token change de main. C'est-à-dire de portefeuille en portefeuille, tout cela sans avoir à faire quoi que ce soit, crédité sur leur portefeuille blockchain et disponible pour tous les usages. La collecte des droits d'auteur fonctionne automatiquement et c'est ce à quoi aspirent les créateurs. Ils profitent des fruits de la création des NFT.

Plus les objets à jetons sont vendus, plus le créateur perçoit automatiquement des redevances. Le créateur n'a plus qu'à attendre et à profiter de la perception des redevances lorsque sa création est vendue d'une personne à une autre.

Un exemple classique et brillant du fonctionnement d'une **rente passive** dont Robert Kiyosaky, auteur à succès et fervent évangéliste des rentes passives, serait fier.

Choisir la bonne plateforme NFT

Le choix de la bonne plateforme pour la vente de NFT est un élément clé du processus de création. Le choix dépend de plusieurs facteurs, notamment le type de blockchain (principalement la blockchain Ethereum), les normes et le format du jeton, l'accessibilité du jeton et le **prix à** payer pour la frappe du jeton.

Le protocole standard pour la frappe des actifs numériques NFT sur la blockchain Ethereum, comme nous l'avons dit, est ERC-721. L'utilisation généralisée d'Ethereum est due au fait que cette blockchain permet le bon fonctionnement des contrats intelligents qui réglementent et régissent les actifs numériques NFT. L'une des principales raisons est que l'historique des transactions et les métadonnées des jetons, une fois enregistrés, sont publiquement vérifiables sur la blockchain Ethereum, ce qui permet de prouver facilement l'historique de la propriété. En outre, lorsqu'une transaction est confirmée sur la blockchain, elle devient immuable et il est pratiquement impossible de manipuler les données et la propriété du jeton représentant NTF. C'est pourquoi on l'appelle la propriété sure et certaine.

Ethereum rend les échanges de NFT transparents, toutes les applications créées au sein d'Ethereum sont créées à l'aide de la même technologie dorsale. Cela signifie qu'ils se parlent très facilement, ce qui simplifie la communication et la compréhension mutuelle du logiciel, permettant ainsi la flexibilité et la **portabilité des NFT** sur toutes les plateformes Ethereum. Tous les NFT sont rapidement reconnus et négociés sur des plateformes établies sur Ethereum. Il est donc possible pour le vendeur d'inscrire ses NFT sur plusieurs places de marché en même temps, afin d'augmenter leur affichage et la probabilité qu'ils soient plus facilement achetés, générant ainsi plus facilement des revenus et des redevances ultérieures.

Promotion des NFT

Depuis le début du monde, pour vendre, il faut faire de la promotion. Pour vendre des NFT, vous devez de ce fait promouvoir vos nouvelles créations. Vous devez savoir clairement quels sont vos objectifs et agir en conséquence avec une stratégie qui inclut avant tout la promotion.

L'un des moyens les plus efficaces consiste à organiser des campagnes de relations publiques. Créer des **relations publiques** positives signifie développer une **réputation** positive au sein de la communauté dans laquelle le NFT sera proposé et vendu.

Vous pouvez choisir de promouvoir vos créations de jetons en les annonçant en ligne, en utilisant des podcasts, des journaux de niche et les médias sociaux. Les médias sociaux constituent, en effet, un canal très efficace pour promouvoir vos NFT. Les applications de réseaux sociaux tels que Twitter, Facebook, Telegram et Discord ont établi de solides canaux de communication au sein de la communauté cryptographique. De nombreux articles sont publiés sur les réseaux sociaux, ce qui contribue à renforcer la réputation associée à la collection NFT que vous souhaitez promouvoir.

Le développement d'une communauté loyale et digne de confiance est essentiel pour la communauté NFT. Il contribue à répandre l'évangile des NFT et à orienter les collecteurs potentiels sur les avantages et les raisons de développer les NFT.

Le NFT est une philosophie, un nouveau paradigme.

9 – ACHAT ET VENTE DE NFT

Les jetons non fongibles ont récemment pris d'assaut les studios de conception graphique des pays technologiquement avancés. Tout artisan numérique, de sa propre initiative ou à la demande d'un client, peut trouver de nouvelles expressions pour renforcer son professionnalisme et réaliser des revenus substantiels en les appliquant à l'industrie de la création NFT.

Les superstars et les grandes entreprises se disputent leur place au premier rang avec les NFT. La récente vente record du jeton Beeple pour 69 millions de dollars a été l'événement inattendu qui a mis en lumière l'activité NFT, qui représente un milliard de dollars. La pointe de l'iceberg.

Les artistes technologiques utilisent les NFT pour diffuser leur art et la blockchain est devenue leur alliée la plus fiable.

Cependant, les NFT ne se limitent pas à un artisanat

technologique avancé, il existe de nombreuses façons d'utiliser les NFT, comme nous l'avons déjà mentionné dans les pages précédentes.

Les NFT peuvent également représenter un actif physique réel : représentation d'un bien immobilier, de bijoux, de montres, d'articles de luxe, d'un acte notarié, etc.

Investir dans des jetons non fongibles n'est pas comme investir dans le bitcoin ou d'autres cryptomonnaies. Avec le bitcoin et les crypto, il existe des graphiques de référence : vous essayez d'acheter à bas prix et de vendre lorsque le prix du marché augmente, en gagnant sur la différence. Avec les NFT, c'est une autre histoire. Chaque NFT est unique et il faut procéder à de nombreuses évaluations.

La plupart des personnes ne comprennent pas bien les jetons non fongibles, principalement parce qu'ils ne savent pas réellement ce qu'ils sont. Ils ne connaissent pas les lois qui les régissent, ils ne savent pas comment les créer, les acheter, les vendre ou les échanger, mais surtout, ils ne connaissent pas leur énorme potentiel de gains.

Les pages suivantes vous aideront à comprendre comment gagner de l'argent avec les NFT en profitant de cette nouvelle opportunité unique.

Si vous ne comprenez pas ce qu'est un NFT et quelle est sa valeur, il vous sera beaucoup plus difficile d'apprécier le cycle d'achat et de vente des NFT.

Je sais que cela peut vous sembler étrange de payer une somme d'argent, peut-être importante, juste pour la duplication numérique de quelque chose, mais examinons la situation de plus près.

Mais combien vaut-il ?

En règle générale, toute estimation d'un NFT est subjective : elle dépend de l'opinion des artistes et des médias qui ont participé à la rendre plus ou moins célèbre. D'autre part, outre l'expression artistique, il est nécessaire de comprendre la valeur cachée des jetons non fongibles et ses applications sur des périodes plus ou moins longues. Il existe une formule pour évaluer les NFT selon quatre composantes :

Valeur d'un NFT = Utilité + Historique de propriété + Valeur future + Prime de liquidité

Comprenons mieux : selon l'actif représenté, la valeur est pondérée par quatre composantes. Cette formule peut être utilisée en même temps par les **investisseurs** pour évaluer s'il vaut la peine d'investir dans un NFT. Et, par les **développeurs** de NFT pour réfléchir à différentes façons d'augmenter la valeur de leurs œuvres numériques afin d'attirer davantage d'utilisateurs et d'investisseurs. Le point essentiel est que les NFT créent de nouvelles façons d'apporter de la valeur en même temps aux développeurs et aux propriétaires de jetons.

Les quatre composantes sont : **l'utilité, l'historique de la propriété, la valeur future, la prime de**

liquidité.

1) Utilité : la valeur de l'utilité dépend de la **manière dont la NFT peut être utilisée.** Les deux principales catégories ayant une valeur d'utilité élevée sont les actifs de jeu et les tickets. Par exemple, un cuirassé "Crypto Space Commander", rare et puissant, s'est vendu 45 250 dollars en 2019. Imaginez que vous puissiez utiliser le même cuirassé dans un autre jeu différent, sa valeur serait certainement encore plus élevée. Une autre façon d'augmenter la valeur d'utilité est de former des **partenariats** avec d'autres entreprises pour offrir des avantages aux personnes qui possèdent votre NFT. Par exemple, Dapper Labs peut s'associer aux organisateurs d'événements NFT pour négocier une réduction pour les propriétaires de jetons CryptoKitties. C'est une situation gagnante pour tout le monde.

2) Historique de la propriété : la valeur dépend de l'identité de l'émetteur et des propriétaires précédents des NFT. Ceux qui ont un historique de propriété élevé sont souvent créés par des artistes célèbres ou des entreprises ayant une marque forte.

Il existe deux façons d'augmenter la valeur. La **première** consiste à **coopérer** avec des entreprises ou des entités disposant d'une marque forte pour émettre des NFT. Cela apporte organiquement du trafic et des utilisateurs à l'ensemble de l'écosystème. Par exemple, le premier NFT autorisé, représentant une voiture de Formule 1, a été vendu pour 113 124 dollars. La **deuxième** consiste à **revendre** des NFT appartenant auparavant à des **personnes influentes**. Actuellement, il est difficile de savoir qui sont les anciens propriétaires, mais ce sont des données précieuses. Les places de marché et les vendeurs pourraient fournir une interface de contrôle facile à utiliser pour augmenter la valeur des NFT. Par exemple, OpenSea peut mettre en évidence les adresses des investisseurs qui gagnent le plus en négociant des NFT et énumérer les autres NFT qu'ils possèdent.

3) Valeur future : la valeur future d'un NFT découle à la fois des changements de valorisation et des flux de trésorerie futurs. L'évaluation est motivée par la **spéculation** et peut parfois être une cause majeure de la hausse des prix. Par exemple, le prix du CryptoKitty #18 est passé de 9 ETH à 253 ETH en seulement trois jours en décembre 2017. Certains déclareront que les mouvements de prix liés à l'évaluation sont néfastes pour les NFT. Cependant, la spéculation est dans la nature humaine et constitue une partie non négligeable du système financier actuel. Si l'on trouve le bon équilibre, les développeurs peuvent augmenter la valeur du NFT et attirer de nouveaux utilisateurs. La valorisation est déterminée par la rareté de l'offre et la spéculation. La spéculation peut être stimulée en incluant des graphiques sur l'évolution des prix des articles NFT ou en mettant en évidence les NFT qui prennent de la valeur. Le marché des « Sneaker » atteint une valorisation d'un milliard de dollars, en partie parce qu'il crée un marché pour les Sneaker rares, encourageant les personnes à spéculer. Par exemple, la place de marché SuperRare permet aux créateurs d'œuvres d'art NFT de recevoir une redevance de 3 % chaque fois que leur œuvre est ensuite vendue sur le marché secondaire. Les NFT sont des actifs et peuvent être loués et sécurisés pour créer des flux de trésorerie supplémentaires. Dans un jeu, il y a une demande de la part des joueurs qui veulent un actif spécifique dans le jeu afin d'accomplir une mission.

4) Prime de liquidité : une liquidité élevée se traduit par une valeur plus élevée des NFT. La prime de liquidité est la principale raison pour laquelle les jetons créés sur la chaîne devraient avoir une valeur plus élevée que les actifs hors chaîne. Les NFT standard ERC peuvent facilement être échangés sur les marchés secondaires avec toute personne possédant de l'ETH, ce qui augmente le nombre d'acheteurs potentiels. Les investisseurs préfèrent investir dans des catégories de NFT qui ont un **volume de transactions élevé**, car la **liquidité réduit le risque** de détenir des NFT. Dans un scénario extrême où le NFT perd sa valeur utilitaire après la fermeture de la plateforme associée, un NFT très liquide a encore de la valeur tant qu'il y a des personnes désireuses d'acheter et de vendre. D'autre part, les normes NFT qui ne sont pas établies sur Ethereum souffrent d'un manque de liquidité et la valeur des NFT créés sur ces plateformes est souvent faible.

Les entreprises doivent concevoir une économie qui **encourage** les utilisateurs à commercer pour accroître l'**engagement** et la liquidité des NFT. Par exemple, dans les jeux, les joueurs peuvent être incités à échanger des ressources pour rester compétitifs dans le jeu, tandis que les ressources NFT peuvent être dépréciées si elles restent inactives trop longtemps.

Instructions pour l'achat de NFT

Avant d'acheter un NFT, vous devez connaître les lieux où ils sont vendus. Comme il s'agit d'un jeton fondé sur la blockchain, les places de marché où vous pouvez acheter et vendre sont en ligne sur Internet.

10 - OÙ ACHETER ET VENDRE DES NFT

Chaque marché a ses propres caractéristiques, ses propres particularités. Ainsi, en fonction du marché que vous choisissez, vous pouvez cibler l'achat d'un type spécifique de pièces de collection. Certaines places de marché sont très verticales, c'est-à-dire super spécialisées dans certaines niches, tandis que d'autres sont très généralistes. Voici quelques-unes des plus importantes.

OpenSea

OpenSea est le centre d'achat en ligne le plus populaire pour les NFT. Actuellement, pour donner une idée au lecteur, sa valorisation totale est d'environ deux milliards de dollars. À titre d'exemple frappant, OpenSea est l'eBay des NFT. Il s'agit d'une place de marché décentralisée où vous pouvez acheter et vendre des œuvres numériques et des objets de collection.

Le vendeur fixe le prix, mais l'acheteur potentiel a le droit de faire une contre-offre, à la manière d'une vente aux enchères, avec une "offre" inférieure au prix fixé par le vendeur. C'est également le droit du vendeur d'accepter ou de refuser l'offre proposée. Si le vendeur accepte, l'enchère prend fin et le jeton représentant l'objet qui vient d'être acheté est enregistré avec une transaction immuable sur la blockchain et transfère la propriété au nouvel acheteur, qui détient les droits sur le jeton à toutes fins utiles.

OpenSea utilise et s'appuie sur la blockchain Ethereum, bien qu'elle s'ouvre à d'autres blockchains concurrentes, plus rapides pour effectuer des transactions et moins chères à utiliser, comme Polygon. Les clients d'OpenSea doivent utiliser des crypto-monnaies pour acheter des jetons non fongibles.

Concrètement, le mécanisme est très semblable à celui d'**eBay.** Sauf que sur eBay, l'objet acheté doit être emballé et expédié, il doit affronter un voyage entre les mains de coursiers et de services postaux plus ou moins performants. Il y a le risque que l'acheteur ne reçoive rien à cause d'un envoi perdu. Ou d'un objet cassé ou différent de ce qui a été acheté, ou qu'il déclare de bonne ou mauvaise foi que le colis était vide. Avec tous les ennuis qui en découlent : remboursements, avis négatifs, étoiles et réputation ruinée… Avec OpenSea tout cela ne peut pas arriver : dès que l'achat est exécuté, tout se passe instantanément et automatiquement grâce au smart contract désigné et chargé de gérer les opérations, greffé sur la blockchain Ethereum pertinente au système OpenSea.

Pour effectuer des achats, vous devez utiliser un portefeuille blockchain. Il en supporte plusieurs types : Metamask, Trust Wallet, Coinbase, actuellement il y a 13 types de portefeuilles accrédités.

Disposer d'un portefeuille blockchain est une condition **nécessaire**, un prérequis pour pouvoir acheter et vendre des NFT. Plus tard, dans le chapitre approprié, nous verrons en détail comment obtenir un portefeuille de blockchain.

Faisons un exemple pratique d'achat, supposons d'être intéressé à l'achat du sous-jacent CryptoKitties, présent sur le site de OpenSea, par moi utilisé, seulement, à but pédagogique :

Au premier coup d'œil, on constate, outre l'aspect graphique artistique, qu'il est proposé à la vente pour 0,01 Ethereum (une contre-valeur d'environ 41,97 dollars, au taux de change actuel pendant que ce texte est écrit) et que la dernière vente a été de 0,002 Ethereum (environ 8,40 dollars).

En cliquant sur l'image, vous accéderez à la page de la fiche avec toutes les caractéristiques de l'objet, le nombre de changements de propriétaire, l'historique des prix, les offres reçues, les statistiques et tous les détails.

Il y a deux boutons importants qui contrôlent le jeu :

1. **Acheter maintenant** : vous permet d'acheter l'article maintenant, mais au prix fixé par le vendeur
2. **Faire une offre** : faites une offre, puis au prix que vous décidez. En cliquant, vous ouvrez automatiquement l'écran de demande à votre portefeuille pour fixer l'enchère, entrer votre prix, autoriser la demande et attendre que le vendeur accepte ou rejette votre offre.

Disons dans notre exemple que nous voulons acheter les CryptoKitties en question maintenant parce que, sur la base de nos recherches, il y a des rumeurs selon lesquelles un film sur les CryptoKitties est en cours de réalisation. Nous pensons donc que le prix des chatons numériques va bientôt monter en flèche, vraisemblablement jusqu'à des dizaines de milliers de dollars. Il n'est pas logique que pour un prix aussi abordable d'environ 42 $, nous perdions du temps et de l'argent à négocier le prix, et risquions de laisser passer une si belle occasion. *(N'oubliez pas qu'il s'agit toujours d'un exemple éducatif. Note de la rédaction).*

De ce fait, je clique sur "Acheter maintenant", j'autorise sur le portefeuille la transaction de 0,01 Ethereum. En même temps, je paie le gas-fee, c'est-à-dire les frais d'utilisation de la blockchain Ethereum, également affichés sur le portefeuille – les frais ne sont pas fixes, mais variables en fonction de l'encombrement du réseau – j'autorise la transaction et voilà ce qui se passe automatiquement et simultanément :

1. 0.01 Eth plus les frais de gas-fee qui sortent du portefeuille

2. La transaction d'achat est enregistrée sur la blockchain Ethereum du jeton associé à l'œuvre numérique.
3. OpenSea reçoit ses commissions
4. Le créateur original de l'œuvre numérique reçoit les redevances qu'il a établies lors de la création du jeton NFT.
5. Le vendeur reçoit le prix d'achat moins les redevances et les commissions OpenSea.
6. L'acquéreur peut décider de mettre l'œuvre numérique en vente immédiatement au prix qu'il a choisi ou d'attendre l'arrivée des événements qu'il a prévus ou fortement désirés.

Il y a ceux qui ont déjà gagné de l'argent réel en spéculant sur les NFT, d'autres le font, mais **tout ce qui brille n'est pas or.** Il faut savoir regarder au-delà de l'apparence des choses et quand il s'agit d'argent et d'investissement ou de spéculation, il faut avoir une bonne préparation en la matière, sinon le risque est grand. En bref, il y a beaucoup à étudier.

Super rare

Super Rare est un marché à édition unique. Il ne traite les NFT originaux **qu'en exemplaire unique**. Il est réputé moins populaire que le précédent Open Sea, mais la valeur moyenne des NFT qui y sont échangés est nettement plus élevée. Il vend moins, mais le prix payé par NFT est en moyenne beaucoup plus élevé que celui de ses concurrents.

Il existe une restriction selon laquelle ceux qui exposent sur SuperRare ne peuvent vendre ailleurs.

Les opérations sont très semblables à celles décrites ci-dessus pour OpenSea.

CryptoPunks

Le CryptoPunks de Larva Labs était l'étoile montante de ce monde, un véritable précurseur. Ce n'est pas comme les autres places de marché NFT. Les CryptoPunks sont en fait 10 000 sujets spécifiques, des images de 24×24 pixels générées de manière algorithmique, avec une preuve de propriété enregistrée sur la blockchain Ethereum. Chaque personnage est différent de l'autre. La plupart de ces images représentent des jeunes filles et des garçons punk, des singes inhabituels, des zombies et des extraterrestres. Dans chaque cas, chacune des cryptomonnaies possède une carte personnelle dans laquelle vous pouvez voir tous ses attributs, son statut de propriété et si elle est disponible à l'achat ou non. Pour en acheter une, vous devez installer un porte-monnaie tel que MetaMask et y placer la crypto-monnaie Ethereum. L'Ethereum peut également être acheté directement sur Coinbase. La place de marché reconnaît le 'plug-in' Metamask et celui-ci vous permet de visualiser les NFT Punks disponibles à l'achat, ce que vous pouvez faire directement, à condition de disposer de beaucoup d'argent en Ethereum. En commençant par ceux qui sont en vente pour quelques milliers de dollars, jusqu'aux plus précieux achetés pour 7,5 millions de dollars et mis en vente par le propriétaire au prix de 137 millions de dollars ! Quelqu'un l'achètera-t-il ?

Si quelqu'un a dépensé sept millions et demi, il y a une chance que cela se produise.

Rarible

Rarible est l'une des principales places de marché de NFT existant actuellement et est un projet 'open source', très semblable à OpenSea auquel il est lié.

La plateforme a un grand avantage : elle est simple !

Sur ce site, vous pouvez créer, vendre, acheter et échanger vos propres œuvres numériques NFT.

Elle repose sur la blockchain Ethereum et est une DAO (Decentralized Autonomous Organization), ce qui signifie qu'elle est complètement décentralisée et autonome et qu'elle est régie par des contrats intelligents et la communauté. Afin de disposer de droits de vote et de décision, l'utilisateur doit posséder des jetons RARE, qui sont natifs de la plateforme elle-même. Quiconque détient ces jetons dans son portefeuille investit en fait dans la plateforme et a le droit de voter pour les meilleures œuvres NFT sur la place de marché et. de prendre des décisions sur la ligne de gestion de la plateforme.

Pour pouvoir opérer sur Rarible, voici les étapes :

1. **Ouvrez** la page d'accueil de rarible.com sur votre appareil.

2. **Connectez** votre navigateur de portefeuille, tel que Metamask, et vous verrez apparaître les "créateurs de contenu vérifié" en haut de la page d'accueil. Afin de vendre sur la plateforme, vous devez être approuvé, afin de protéger les acheteurs et la sécurité.

3. Pour créer un NFT, **cliquez** sur "créer", choisissez de créer un "simple" ou un "multiple" en série selon votre stratégie. Téléchargez votre fichier précédemment traité : accepte les fichiers PNG, GIF, WEBP et MP4.

Choisissez le nom de votre œuvre et ses caractéristiques.

4. À ce stade, vous pouvez décider de le garder ou de le mettre en vente. En cochant la case **"mettre en vente"**, vous pouvez choisir le prix de vente et les redevances.

5. Un clic sur **"create item"** ouvre le portefeuille, préalablement connecté, avec les montants à payer pour les commissions au réseau Ethereum (gas-fee), les redevances pour la place de marché et la partie restante qui revient à l'utilisateur en cas de vente du NFT lui-même.

6. En **autorisant** la transaction sur le portefeuille, le processus de création se termine et notre NFT prend vie sur la blockchain. À partir de maintenant, l'œuvre sera visible et prête à être achetée sur les portails Rarible et OpenSea auxquels elle est liée, comme nous l'avons dit au début.

La simplicité de Rarible en fait un compétiteur

respectable qui est appelé à devenir de plus en plus populaire dans ce secteur.

Sorare

Sorare est un cas en soi. Sur Sorare, il y a aussi des NFT, mais c'est une autre histoire.

Si vous êtes passionné, ou plutôt, fou de football, allez à Sorare, lisez, écoutez ce qu'il dit, respirez ses vibrations, adhérez passionnément à sa philosophie et vous serez immédiatement en phase avec vos pairs. Sinon, si le football ne fait pas partie de vos raisons de vivre, oubliez-le.

Sorare est explicitement établi sur les autocollants des athlètes des équipes de football, mais pas seulement. C'est comme la fantasy football au carré. Actuellement, 215 clubs, parmi les plus importants de l'Olympe du football européen, ont rejoint le projet Sorare. En achetant vos joueurs au format autocollant NFT, vous avez la possibilité de créer votre propre équipe, d'y investir, de participer à des ligues et des tournois, de devenir un dénicheur de talents, de vendre et de gagner de l'argent sur vos joueurs NFT.

Personnellement, je pense que c'est un superbe projet, du genre cinq étoiles. Seulement, il faut être passionné de football pour entrer dans l'âme du projet et du jeu, seuls des gens compétents peuvent tirer profit et plaisir de leur passion.

Je vous suggère donc de vous rendre sur leur site, de découvrir le fonctionnement du monde de Sorare et ensuite, si vous souhaitez effectuer des transactions, les procédures : ce sont les mêmes que pour les places de marché vues ci-dessus.

Maintenant vous devriez être un expert.

11 - METAMASK : CRÉATION ET FINANCEMENT DE VOTRE COMPTE

Vous pouvez choisir n'importe quelle place de marché NFT et vous inscrire. Cependant, pour acheter, vendre, échanger, créer quoi que ce soit, vous devez associer votre portefeuille blockchain à la place de marché. Comme la plupart des NFT sur le marché sont établis sur la blockchain Ethereum, les plateformes commerciales reconnaissent la crypto-monnaie Ethereum "Eth" comme la plus appropriée. Vous pouvez acheter Eth sur toutes les bourses en ligne, mais choisissez une bourse réglementée pour la sécurité de vos fonds.

Acheter Eth n'est pas difficile, mais il y a certaines procédures à suivre, et si vous ne savez pas comment faire, cela peut être compliqué pour le profane. Je traite de ce sujet dans un autre de mes livres récents : "Cryptocurrencies & trading : an easy guide for beginners" que vous pouvez trouver en ligne en version papier et e-book, traduit en plusieurs langues et toujours un best-seller sur le marché espagnol.

Une fois que vous avez acheté vos Eths, il suffit de les envoyer, en partie, dans votre portefeuille blockchain. Copiez l'adresse du portefeuille, collez-la dans la section appropriée de l'échange sur lequel vous avez acheté les crypto-monnaies et envoyez-les, en veillant à choisir le bon réseau d'envoi.

Le transfert est plus ou moins immédiat. Lorsque vous avez suffisamment de fonds, vous pouvez enfin confronter le portefeuille avec votre place de marché préférée : vous êtes enfin opérationnel ! Vous pouvez désormais exploiter les NFT comme vous le souhaitez.

Portefeuilles de la chaîne de blocs

Un porte-monnaie qui se respecte doit être capable d'interagir avec tous les protocoles ERC. Par exemple ERC-721 et ERC-1155, qui sont tous deux destinés aux NFT. En tout cas, ERC-1155 est le dernier ajout, donc certains portefeuilles peuvent ne pas le supporter, Metamask le fait. Quoi qu'il en soit, au cours des prochaines pages, nous allons examiner en détail le portefeuille blockchain le plus connu, le plus simple et le plus utilisé par les utilisateurs du monde entier pour stocker leurs NFT et les crypto-monnaies achetées. La grande majorité des places de marché NFT prennent en charge les portefeuilles Metamask.

MetaMask

MetaMask est peut-être le portefeuille web open source le plus célèbre pour interagir avec la finance décentralisée et les NFT. Il a été créé en 2016 par la société ConsenSys, qui développe des logiciels établis sur la blockchain Ethereum avec laquelle Metamask s'entend littéralement bien. Mais, en même temps, il prend en charge d'autres blockchains : Polygon, Binance Smart Chain, Fantom, etc.

En fait, il s'agit d'un **plug-in** qui doit être installé sur le navigateur que vous utilisez pour surfer sur le net : Firefox, Chrome, Brave, Opera le supportent. Il existe également une version smartphone pour Android et iOS.

MetaMask est facile à installer, mais il faut faire attention à la configuration des réseaux de blockchain qu'il utilise ; normalement, tous les sites officiels de blockchain publient des instructions de configuration simples, et avec un simple copier-coller, vous pouvez le faire sans problème.

Du point de vue de la **sécurité**, la société d'audit qui l'a vérifié l'a qualifié "d'exceptionnelle et robuste". En fait, il semble n'avoir jamais été piraté directement et son code semble inattaquable. Mais, il y a un mais : comme tous les appareils et applications que nous utilisons couramment, il est sujet au **"phishing"**. En d'autres termes, si par négligence, naïveté ou imprudence, nous nous laissons emmener, ou laissons sans surveillance ou révélons nos identifiants d'accès au MetaMask à un fraudeur se faisant passer en ligne pour une entité digne de confiance, aucun code robuste ne pourra résister. Si nous permettons aux cambrioleurs d'entrer par effraction, nous ne pouvons pas y faire grand-chose. Faites donc très attention aux courriels et aux SMS que vous ouvrez, car la règle veut que lorsqu'ils vous demandent vos identifiants d'accès, il s'agit d'une arnaque. Restez vigilant et ne cliquez jamais sur des liens suspects.

La raison pour laquelle MetaMask a été créé est de rendre la blockchain Ethereum accessible à tous. Il prend en charge les jetons ERC-20 et interagit avec les contrats intelligents Dapp d'Ethereum.

Pour installer le portefeuille, connectez-vous au site officiel metamask.io, choisissez le plug-in correspondant au navigateur que vous utilisez (Chrome, Firefox, etc.), installez-le et suivez les étapes qu'il vous demande de suivre. Lorsque vous aurez terminé, vous posséderez, vous aussi, une adresse de portefeuille unique sur la blockchain Ethereum. Vous n'avez pas encore idée de combien de choses vous pourrez faire.

Caractéristiques du portefeuille MetaMask

L'objectif de MetaMask, comme nous l'avons dit, est de rendre l'Ethereum simple et facile à utiliser pour le plus grand nombre de personnes possible. Cet outil offre le moyen le plus robuste et le plus rentable de stocker, de déplacer l'Eth et de collaborer avec des applications en pleine croissance sur Ethereum.

Il présente de nombreuses caractéristiques.

1. Interface intuitive

MetaMask est le porte-monnaie le plus convivial pour accéder aux blockchains. L'interface est simple. Toute personne ayant une connaissance même minime des formes d'argent numérique peut commencer à utiliser le portefeuille immédiatement.

2. Support multilingue

MetaMask supporte de nombreuses langues. Pratiquement toutes les langues les plus utilisées, ce qui le rend simple et disponible pour les clients du monde entier.

3. Conversion des devises

Malgré le support multilingue, ce porte-monnaie offre également un choix d'échange d'argent. Sélectionnez votre devise et le portefeuille affichera le montant estimé de vos actifs convertis dans la monnaie choisie.

4. Portefeuille multi-adresses

MetaMask est un portefeuille "déterministe hiérarchique", ce qui signifie que vous pouvez créer plusieurs enregistrements d'adresses ETH, ce qui vous permet de répartir votre capital entre les différents types d'investissements que vous souhaitez réaliser. Chacun de vos enregistrements est rattaché à sa propre "graine", une série de mots-clés relatifs à la sécurité de vos fonds. Nous y reviendrons plus en détail ultérieurement et je vous montrerai comment gérer cette phase délicate.

5. Achats en crypto-monnaies

Pour utiliser MetaMask sur les DApps et les places de marché décentralisées, vous aurez besoin de la crypto-monnaie Eth dans votre portefeuille. Si vous ne l'avez pas et ne voulez pas l'acheter sur un marché d'échange et le transférer, MetaMask vous donne la possibilité de l'acheter directement à partir du portefeuille. Actuellement, le portefeuille offre la possibilité d'acheter Eth directement avec les services de carte de crédit de **Wyre** ou **Transak** qui, en plus des cartes de crédit et de débit, offre également la possibilité d'un transfert Sepa. Méfiez-vous des commissions sont certainement plus élevées que celles des autres méthodes, la commodité a un prix.

6. Commissions et contrôles avancés du gas-fee

Au lieu de laisser le porte-monnaie choisir automatiquement les frais de commission pour chaque transaction, il est possible de définir la valeur des frais de gas-fee de manière personnalisée (GWEI). Le gas est l'unité de mesure utilisée pour calculer le coût de l'opération à effectuer. Ces commissions vont aux "miners" qui, grâce à leur puissance de calcul, garantissent et vérifient le succès des transactions, rendant l'enregistrement sur la blockchain certain et immuable.

Dans la pratique, plus la transaction doit être rapide, plus les commissions sont élevées, en raison de la congestion du réseau Ethereum qui, à l'instar de la circulation dans une grande ville aux heures de pointe, tend à inciter ceux qui sont prêts à dépenser plus d'argent pour arriver plus vite à utiliser les voies rapides.

7. Ajoutez et gérez des centaines de jetons ERC20 à partir d'un seul endroit

MetaMask n'est pas seulement un portefeuille Ethereum, il prend également en charge tous les jetons ERC 20. Vous pouvez également ajouter des jetons de finance décentralisée DeFi à votre portefeuille. En outre, il est compatible avec de nombreux programmes, et est accessible à Android et iOS. En gros, vous pouvez gérer vos jetons à partir d'un seul endroit.

8. Contrôle des clés privées

Contrairement à d'autres portefeuilles, MetaMask est un porte-monnaie autogéré où vous pouvez stocker en toute sécurité vos jetons ETH et ERC20. MetaMask vous donne un contrôle total de vos clés privées.

9. Open source et communauté de développement active

Le code de MetaMask est 'open source', n'importe qui peut l'examiner. Quoi qu'il en soit, étant donné qu'il s'agit d'un plug-in de navigateur, la question peut se poser : est-il sûr et fiable ?

MetaMask possède de fortes caractéristiques de sécurité, comme le cryptage des graines qui utilise une clé secrète supplémentaire. De même, il dispose d'un groupe remarquable d'ingénieurs qui mettent continuellement à jour le logiciel du portefeuille et n'est pas connu pour avoir subi des attaques directes dues à des bogues dans son code source robuste.

Cependant, gardez à l'esprit que MetaMask est un portefeuille chaud qui est associé en ligne 24/7. Dans une perspective de sécurité, un portefeuille froid dans lequel vous stockez vos actifs numériques hors ligne est certainement préférable. Si vous envisagez de stocker une valeur élevée de crypto-monnaies, utilisez des portefeuilles rigides de type Ledger. MetaMask est suggéré pour le stockage de quantités limitées de jetons pour une utilisation quotidienne.

12 - SÉCURITÉ

Extrait de mon livre *"Cryptocurrencies and trading : an easy guide for beginners"* Evolutpress Éditions, traduit en plusieurs langues et best-seller sur le marché de langue espagnole dans sa catégorie.

Je reproduis ici dans ce livre les commandements de la cybersécurité des crypto-monnaies et des NFT, déjà publiés dans mon précédent livre sur les crypto, qui sont toujours aussi pertinents, efficaces et performants pour protéger vos actifs numériques. Ces règles simples sont indispensables en matière de cybersécurité.

Choisir un portefeuille

D'après mon expérience, détenir des crypto-monnaies pour opérer des NFT sur un **portefeuille matériel** (type Ledger) est le système le plus sûr. Dans ce cas, les clés privées des pièces ne sont jamais exposées, ce qui est le cas avec l'ordinateur.

Lorsque j'envoie une transaction avec le porte-monnaie matériel, je signe la transaction dans le porte-monnaie et il effectue la transaction pour moi. Mais, si j'ai un **portefeuille en ligne, j'expose** ma clé privée sur le web avec le **risque** que si mon ordinateur a des logiciels malveillants (chevaux de Troie) ou si ma connexion est interceptée (sniffing), la clé privée soit copiée et utilisée pour vider le portefeuille en ligne.

Il est donc préférable d'utiliser des portefeuilles matériels pour le stockage à froid plutôt qu'un portefeuille chaud en ligne.

Lorsqu'il s'agit de choisir un porte-monnaie matériel, vous avez l'embarras du choix, il en existe beaucoup, la plupart sont fiables : Ledger, Trezor, Safepal, SecuX, Ballet, Keepkey, D'cent, etc. Faites vos recherches et choisissez vous-même en fonction de vos besoins spécifiques.

Avec le porte-monnaie matériel, l'exposition est moindre et la sécurité est maximisée.

Si vous ne voulez pas opter pour un porte-monnaie

matériel, je choisirais en second lieu un **porte-monnaie mobile** plutôt qu'un porte-monnaie en ligne. Il en existe plusieurs, plus ils sont utilisés et plus ils durent, plus les utilisateurs en parlent en bien et plus ils sont fiables.

Mais, nous devons ici gérer nos NFT, pour des questions d'agilité, sans avoir à brancher le Ledger stick à chaque fois, il est peut-être plus facile d'utiliser **MetaMask** chargé avec juste les fonds nécessaires pour faire face à une situation bizarre, en gardant le solde des fonds sur le hardware wallet.

Gérer la sécurité des clés privées et des « seed »

Comme je l'ai dit, la meilleure solution pour stocker les crypto-monnaies est le portefeuille matériel.

Les **clés privées que** nous avons vues sont celles qui décrètent la **propriété des** crypto-monnaies et des jetons NFT.

MetaMask libère le seed (la "graine") au moment de l'installation. Le seed est un code, un ensemble de 12,

18 ou 24 mots sans signification logique apparente, qui sert à **restaurer** le portefeuille en cas de dysfonctionnement, de casse ou de perte de l'appareil.

Voici un exemple de graine : *"crayon december twelve cutter lake blink video large leg eye planet major"*.

Si les clés privées doivent être sûres, la graine doit l'être encore plus, car on ne peut pas se permettre de la perdre, sinon en cas de défaillance du portefeuille, on ne peut pas accéder aux fonds et sans la graine ils sont perdus **à jamais**.

Si quelqu'un trouve la graine et sait à quoi elle sert et où la mettre, il aura un accès total à tous les fonds du portefeuille.

Elle ne doit absolument pas être stockée sur votre **ordinateur**, pas même dans un dossier caché ou un dossier crypté. Elle **ne doit absolument pas être** stockée sur le **cloud** et sur des services de stockage de disques tels que Google Drive, Dropbox, OneDrive, etc., et je vous en épargne les raisons.

D'après mon expérience, la meilleure chose à faire est

de **faire plusieurs copies papier** et de **les cacher.** N'écrivez rien d'autre sur le papier de sorte que, même si quelqu'un le trouvait, il ne saurait pas à quoi il sert et à quoi font référence tous ces mots sans fil conducteur.

Cela dit, vous devriez maintenant avoir tous les outils nécessaires pour utiliser votre Metamask et faire des affaires avec vos NFT.

Comment sécuriser les comptes et les crypto-monnaies

Compte tenu de son importance, ce sujet fondamental aurait dû constituer le chapitre 1.

Mais, si je l'avais mis à la une, comment vous aurais-je fait prendre conscience de l'importance de sécuriser vos actifs numériques ?

Si l'on n'est pas d'abord conscient de la valeur réelle d'un bien, comment peut-on l'apprécier et donner le poids nécessaire à sa protection ?

C'est à ça que servait la partie initiale du voyage que

nous avons fait ensemble. Je suis d'avis que pour vraiment apprécier quelque chose, il faut la connaître. Et, l'expérience m'a appris que plus on la connaît, plus on l'apprécie.

Un objet de valeur doit être protégé, et pour cela, il faut savoir comment.

Règle 1 : "Sécuriser les comptes et les appareils".

Le secret est de "prévenir".

Voyons quels sont, à l'heure où nous écrivons ces lignes, les meilleurs systèmes pour protéger les bitcoins, les crypto-monnaies et les NFT.

Sécurisez votre ordinateur

En qualité d'informaticien, je vais vous donner une liste, établie sur mon expérience personnelle, des commandements à suivre pour rendre votre ordinateur totalement sûr.

1. Utilisez un ordinateur dédié **uniquement** pour le trading.Cela signifie que vous ne devez l'utiliser que pour cela. Ne faites rien d'autre

avec, ne lisez pas le courrier, ne naviguez pas sur les sites web, n'utilisez pas les médias sociaux. Rien d'autre que le commerce. Il existe des ordinateurs dotés d'un système d'exploitation Linux à un coût très faible, car ils n'ont pas besoin de beaucoup d'énergie.

2. Il est préférable que le système d'exploitation ne soit pas Windows. Parce que c'est une proie facile pour les virus et les logiciels malveillants qui, une fois installés, pourraient voler des données pour accéder à votre portefeuille ou aux plateformes que vous utilisez pour trader, et les pirates pourraient voler vos crypto-monnaies déposées.

Statistiquement, il est beaucoup plus rare d'être piraté avec les systèmes d'exploitation Mac et Linux. Si vous ne pouvez pas faire autrement que d'utiliser un ordinateur doté d'un système d'exploitation Windows, il est impératif d'installer un antivirus fiable, payant et constamment mis à jour pour protéger votre présence sur le web lorsque vous vous connectez à vos plateformes de négociation ou de NFT.

3. Il est impératif que vous n'utilisiez jamais que votre ordinateur pour vous connecter en ligne. Jamais celui des amis, des parents et surtout **jamais**, je répète **jamais, les points Internet**.

4. Utilisez toujours votre propre ligne sécurisée, éventuellement avec un câble réseau.

5. Si vous utilisez une ligne **wifi**, assurez-vous qu'elle n'appartient qu'à vous et qu'elle est protégée par les dernières normes de sécurité fournies par votre opérateur téléphonique.

Le **mot de passe** wifi doit être très fort pour limiter le risque d'être piraté. Et, surtout, <u>**ne vous**</u> connectez <u>**jamais**</u>, j'insiste, <u>**jamais**</u> à un wifi public ou privé comme celui d'un **bar** ou d'un **hôtel** pour échanger. Le **reniflage** (sniffing) de justificatifs dans de tels endroits dépasse votre imagination.

Lorsque vous vous trouvez dans ces endroits, utilisez la connexion de données de votre opérateur.

Sécurisation des tablettes et des smartphones

D'après mon expérience, je vais vous donner une liste des commandements à suivre pour rendre les **tablettes** et les **smartphones** totalement sûrs. Certains sont très semblables aux précédents pour les ordinateurs, mais, comme le disaient les Latins, "*repetita iuvant*", c'est-à-dire que répéter les choses permet de mieux les comprendre.

1. Utilisez une **tablette** ou un **smartphone** dédié **uniquement** pour le trading.

    Encore une fois, cela signifie qu'il ne faut pas naviguer sur les sites web, ni sur les réseaux sociaux, et surtout **pas de SMS** : sur les téléphones, la plupart des pièges entrent par la porte des SMS. Il suffit de toucher un lien dans un SMS pour déclencher le piratage de votre appareil. Si vous n'êtes pas un acteur ou une personne célèbre, ils recherchent des photos compromettantes de vous à des fins de commérage ou de chantage, puis ils cherchent des identités et des crypto-monnaies à voler. Faites-vous une plaisir, utilisez-en un exclusivement pour le commerce. Installez-y votre porte-monnaie, les applications des plateformes que vous utilisez et utilisez-le exclusivement pour cela, **minimisant** ainsi vos risques.

2. Utilisez seulement votre propre appareil pour vous connecter en ligne.

    Ne mettez **jamais** vos **identifiants**, et encore moins les **clés privées** de vos crypto-monnaies, sur les appareils d'autres personnes, même si vous les connaissez et ne jurez que par la confiance que vous leur accordez. Leur appareil pourrait être **infecté sans qu'ils le sachent.**

3. Utilisez toujours votre connexion de données pour vous connecter aux plateformes de négociation.

Si vous utilisez une ligne **wifi**, assurez-vous qu'elle n'appartient qu'à vous et qu'elle est protégée par les dernières normes de sécurité fournies par votre opérateur téléphonique.

Le mot de passe wifi doit être très fort pour limiter le risque d'être piraté. Et, surtout, **ne vous** connectez **jamais**, je dis bien **jamais**, à un réseau wifi public ou privé tel que celui d'un **bar** ou d'un **hôtel** pour faire du commerce, le **reniflage** des identifiants dans ces endroits dépasse votre imagination.

Lorsque vous vous trouvez dans ces endroits, utilisez la connexion de données de votre opérateur.

Sécurisation de tous les comptes

Après avoir **sécurisé** tous les appareils que vous utilisez pour exercer votre activité, il est essentiel de **sécuriser <u>tous</u> vos comptes**. Et, quand je dis tous, je veux dire tous, y compris les comptes de **messagerie**, les comptes sur les **réseaux sociaux,** etc.

Voici la liste des commandements :

1. **N'utilisez jamais les mêmes informations d'identification** sur différents comptes. C'est **impératif.** Un utilisateur et un mot de passe **différents** doivent être utilisés pour chaque compte.

   De nos jours, il y a encore des personnes qui utilisent le même mot de passe pour tous leurs comptes, ce qui fait frémir. En dehors de la paresse, leur raisonnement est plus ou moins le même : "*Je n'ai rien à cacher de toute façon*". Rien ne pourrait être plus faux.

Le problème n'est pas que "vous n'avez rien à cacher de toute façon", mais l'**usurpation d'identité** qui peut résulter de ce comportement ignoble. L'usurpation d'identité est l'un des **crimes** les plus recherchés sur le web. Essayez de parler à des personnes qui l'ont vécu, de l'**enfer** qu'elles ont dû traverser pour s'en sortir. Avec votre identité et en votre nom, ils peuvent tout faire, la seule limite est leur imagination. Ils pourront acheter, vendre, tricher, frauder, ouvrir des comptes, demander des financements, vous traquer, laisser des traces de vous dans des actions criminelles, etc. Ensuite, allez l'expliquer au juge et apportez des preuves au tribunal que vous ne l'avez pas fait…

2. **Évitez** comme la peste les échanges, les places de marché et les plateformes qui **n'utilisent pas** le **système d'identification à deux facteurs**. Si vous devez mettre votre argent entre les mains de ces personnes, vous êtes mal

parti. L'**authentification à deux facteurs par message texte** est la plus piratable de toutes. Elle se prête à l'**escroquerie du "SIM swap"**. En gros, le pirate vous envoie un SMS contenant un lien qui, une fois cliqué, installe un virus qui infecte votre téléphone et clone votre carte SIM. Avec la SIM clonée, il entre dans l'échange en contournant le système de vérification à deux facteurs, car le message de vérification lui parvient, entre dans votre compte sur l'échange et vous prend tout.

Alors, faites-vous une faveur : **n'utilisez pas la vérification à deux facteurs par SMS.**

2. Pour le trading, ils utilisent de grandes plateformes réputées, **réglementées** et reconnues, qui utilisent un accès à deux facteurs et non des SMS. Ils sont présents sur le marché depuis des années, ont des volumes de transactions élevés, sont bien perçus par les utilisateurs, ont un bon service clientèle, sont

assurés contre le piratage des plateformes et offrent de nombreux services.

4. Si vous **n'utilisez pas** de crypto-monnaies, il est préférable de les mettre hors ligne sur votre **portefeuille matériel** plutôt que de les laisser dormir sur le marché boursier. Ou les mettre en **revenu passif** sur une plateforme CeFi/DeFi.

Les biens et les actifs de valeur doivent être protégés.

Le secret est la **"prévention"**.

Pour ce faire, vous devez savoir comment.

Et, maintenant, vous êtes en mesure de le faire.

----

13 - POURQUOI QUELQU'UN DÉPENSERAIT-IL DES MILLIONS DE DOLLARS... ?

Je sais, il y a une question qui bourdonne ou a bourdonné dans la tête de tout le monde : "pourquoi quelqu'un dépenserait-il des millions d'euros pour une toile originale d'Andy Warhol alors que l'on peut acheter une copie identique en ligne pour 30 € ? Pourquoi dépenser 80 000 € pour une valise Louis Vuitton alors que l'on peut trouver une contrefaçon, identique dans les détails et fabriquée à partir des mêmes matériaux pour 80 € ?

La réponse est très simple.

Les personnes aiment se sentir très spéciaux.

L'identité et la **provenance** ont une **valeur** énorme.

Si vous ajoutez un dernier ingrédient : la **rareté**, vous créez l'objet de rêve parfait, l'objet **exclusif** que tout collectionneur convoite.

Les investisseurs et les spéculateurs rêvent d'un tel actif. Un objet rare, célèbre, avec un certificat de provenance, à acheter peut-être à dix et à revendre à mille, dix mille, cent mille, à la Lune…

La **spéculation** peut être pour beaucoup la réponse à la question précédente : "pourquoi quelqu'un dépenserait-il des millions d'euros...". La spéculation est cette chose inhérente à l'être humain qui fait briller ses yeux et allumer en lui le signe fluorescent du dollar. Le propulseur qui déplace les foules de chercheurs d'or.

Peu de personnes y échappent, je n'ai personnellement pas encore rencontré une personne qui ne soit pas attirée par la possibilité de gagner plus d'argent, peut-être pas pour elle-même, mais au moins pour la possibilité de vivre mieux et sans contraintes, si ce n'est pour elle-même, du moins pour ses proches.

Trouvez-le et nous en ferons un NFT ! ;-)

Pour les personnes qui se demandent encore quel est l'intérêt d'acheter un certificat numérique de propriété d'un fichier qui peut en fait être vu, téléchargé, copié, modifié par tout le monde, eh bien, veuillez m'excuser pour elles, mais aucune réponse n'est unique.

Rationnellement, il n'y a pas d'issue.

Essayons plutôt de modifier la question.

Faisons l'inverse et demandons-nous quels en sont les avantages.

Si vous ne savez pas comment vous en sortir : « **suivez l'argent, il vous montrera le chemin** ». Dit vieil homme sage.

Vous constaterez que les NFT sont une solution gagnante pour tous. Ils représentent l'option win-win tant convoitée : je gagne, vous gagnez.

Personne n'est perdant avec les NFT, tout le monde y gagne.

- **L'artiste** voit enfin son rôle maternel de créateur reconnu économiquement et ne doit pas se contenter, comme dans le cliché du cinéma d'art et d'essai, de vivre difficilement dans les greniers, se contentant des miettes que lui laisse le marchand d'art.

- Le **marchand d'art**, s'il croit vraiment en l'artiste, achète d'abord le NFT de l'œuvre, en fait la promotion, le pousse dans les circuits où il est présent. Fait son travail de promoteur pour faire ce qu'il fait le mieux : vendre et spéculer.
- **L'acheteur** fait les évaluations et, selon ses stratégies, achète ce qui satisfait le mieux ses besoins : artistiques, de collection, spéculatifs.
- Les **places de marché** offrent visibilité et pouvoir de vente. Ils perçoivent leurs propres commissions, remplissant ainsi les fonctions auxquelles ils sont destinés : diffusion, commercialisation et rémunération de leurs actionnaires.
- La **blockchain** sur laquelle repose l'infrastructure permettant la certification de l'œuvre numérique perçoit ses honoraires à partir des transactions (frais de gaz) qui ont lieu sur son réseau.

- Les **développeurs de la blockchain** reçoivent la compensation pour laquelle ils ont passé des nuits blanches à programmer les contrats intelligents qui rendent tous ces processus possibles de manière autonome et décentralisée.

- Le **NFT** de l'œuvre numérique, grâce à une stratégie intelligente et réfléchie, imprégnée de rareté, d'identité et de provenance, acquiert valeur et renommée, et ouvre la voie à de nouvelles frontières d'utilisation dans le **métavers**.

- Les **entreprises** créatrices de métavers et de multivers meublent et créent des événements dans les nouveaux espaces de la dernière frontière avec des NFT créés par des artistes, éloignés des greniers exigus de l'exemple initial de ce cercle vertueux, donnant aux vrais créateurs l'occasion de faire entrer leurs œuvres numériques dans un univers virtuel.

Si ce système n'est pas un système **gagnant-gagnant**,

dites-moi ce qu'il est.

Lorsqu'un changement de paradigme de cette ampleur se produit, il n'est jamais très facile au départ pour les personnes de comprendre réellement de quoi il s'agit et la portée réelle de l'événement.

C'est comme quand j'essayais d'expliquer Internet aux personnes au début des années 1990. Je participerais aux foires commerciales les plus importantes et j'essaierais de faire comprendre aux curieux que dans quelques années, nous choisirions et achèterions sur nos ordinateurs personnels (que presque personne n'avait encore) nos destinations de vacances, nos hôtels, nos voyages en bateau, en avion, en train, tout cela par nous-mêmes.

Il est dommage que nous n'ayons pas une photo des visages incrédules des personnes à l'époque. La grande majorité d'entre eux pensaient qu'un tel scénario était impossible quelques années plus tard.

Pour ceux d'entre vous qui n'étaient pas là, il suffit de savoir que le scénario de l'époque était celui d'un monde sans smartphones. Sans réseaux sociaux, sans wifi, avec très peu d'ordinateurs à la maison, ni de personnes habituées à penser qu'elles devaient s'adapter aux changements qui étaient dans l'air. Le changement est un travail difficile, il est effrayant pour certains. Le cerveau reptilien de l'être humain nous dicte de nous battre ou de fuir ou de ne rien faire et de brouter, en laissant la vie passer, quand rien ne se passe.

À l'époque, je travaillais sur mon propre projet, un système avancé et révolutionnaire de réservation de chambres d'hôtel. Mon système permettait aux clients potentiels à la recherche d'un hébergement de visualiser l'hôtel depuis leur ordinateur. De voir les chambres, de choisir celle qui leur convenait, de la réserver, de laisser leurs coordonnées et de recevoir une confirmation automatique de la réservation qu'ils venaient de faire.

Cela vous semble familier ?

Hormis le paiement par carte de crédit, impossible à l'époque, car les circuits Visa et Mastercard sont entrés dans le mécanisme plus tard. C'est ce que nous faisons tous maintenant lorsque nous cherchons un hôtel ou un bed & breakfast pour le travail ou les vacances.

....

14 - L'AVENIR DES NFT

Dans un monde en constante évolution technologique, il est complexe de prévoir les développements dans six mois, et encore moins dans six ans. Ce qui est certain, c'est que les grandes entreprises se déplacent et se taillent une place dans ce scénario.

- Facebook construit son métaverse, il y croit tellement qu'il a même changé son nom en Meta.

- Apple a déclaré qu'elle disposait d'un arsenal, prêt à la vente, des dispositifs pour réalité augmentée.

- Nike met en œuvre la vérification NFT sur ses chaussures de marque.

- Twitter intègre le NFT dans son réseau social.

- Warner a sorti son NFT Space Jam et prévoit de se lancer dans les NFT musicaux.

- Coinbase, cotée en bourse aux États-Unis, est en train de construire son marché NFT.

Et, ce n'est que la partie émergée de l'iceberg, il y a encore la partie immergée que nous avons du mal à voir, car elle n'a pas la résonance des géants, mais c'est la masse critique grâce à laquelle le changement commence et émerge.

Rien ne sera plus jamais comme avant, surtout dans les domaines suivants.

Gaming

Le monde des jeux est l'un des premiers à se transformer. Avec l'arrivée du "play to earn", la révolution a déjà commencé. Au début, vous payiez pour jouer, maintenant vous êtes payé pour jouer. Un système de récompenses créditées en crypto-monnaie et en NFT, que vous pouvez échanger, vendre, laisser en dépôt pour accumuler des intérêts. C'est d'une simplicité aveuglante ! Non seulement vous vous amusez en jouant, mais vous êtes payé pour cela.

En pratique, en participant au jeu, les joueurs contribuent à créer et à augmenter la valeur de l'écosystème du jeu en gagnant des ressources numériques non fongibles. Une symbiose est ainsi créée entre le joueur et le développeur du jeu, dans une relation gagnant-gagnant, où tout le monde est gagnant. Les NFT acquis par le joueur sont son actif, avec lequel il peut faire ce qu'il veut, même le réinvestir ou l'échanger contre une monnaie légale. Un véritable changement de paradigme qui ouvre un monde de possibilités.

Solidarité

Une étude de cas qui mérite d'être sous les feux de la rampe est celle de "Leyline", une association à but non lucratif dont la mission est de rendre le monde meilleur en sortant au moins un million de personnes de l'extrême pauvreté en créant un écosystème NFT.

C'est un projet fantastique et visionnaire, vous accédez à la plateforme sur le site "leyline.gg", leur livre blanc détaille tout le chemin parcouru et la voie à suivre.

En gros, les utilisateurs de la communauté, en faisant de bonnes actions, se voient attribuer des NFT pour la cause ou l'objectif pour lequel ils ont travaillé et qui a rendu le monde un peu meilleur qu'avant. Les bonnes actions réalisées restent marquées au fer rouge dans le jeton non fongible, émis pour l'occasion, qui peut être collecté et rester dans la collection de l'utilisateur qui a fait le bien à vie. Ainsi visible par tous. De l'ensemble de la collection, il est possible de déduire l'histoire caritative du bienfaiteur, chacun peut voir ses contributions. En fait, les personnes sont impliquées et encouragés à faire la différence.

Autrement, comme tous les autres NFT, le jeton bénéfique peut être acheté et vendu sur le marché d'OpenSea.

Je me souviens que ma mère disait souvent : "fais le bien et oublie, fais le mal et souviens-toi".

De toute évidence, les fondateurs de Leyline désapprouvent ; selon leur philosophie, les actes d'altruisme ont besoin d'être encouragés et récompensés.

Ils ont peut-être raison, l'important est de faire de ce monde un endroit meilleur.

Dans le livre blanc de Leyline, parmi les choses à faire dans un futur proche, il y a la création de la crypto-monnaie Leyline, la création de leur blockchain de type DAO, autonome et décentralisée. Sur la DAO, les décisions importantes et stratégiques sont prises par les détenteurs des jetons qui possèdent la plateforme, de manière démocratique et transparente, sans une gouvernance verticale qui décide de manière incontestable.

Une véritable révolution dans le monde de la solidarité. Je pense fermement que dans leur sillage, il y aura de nombreuses initiatives qui s'inspireront de leur projet et qui contribueront également à la création d'un monde meilleur.

Immobilier

Les marchés immobiliers ressentent encore les effets

de la bulle de 2008 et de l'affaire Lehman Brothers : prêts hypothécaires accordés même à ceux qui n'avaient pas la moindre garantie. Re-hypothèques frauduleuses de prêts hypothécaires qui n'auraient jamais dû être accordés, dette achetée et valorisée sur le marché, que les banques ont revendues à des déposants pauvres et peu méfiants, ignorant qu'ils investissaient dans des titres toxiques. En 2008, la fraude hypothécaire a déclenché un effet domino sur le système financier mondial centralisé. L'intervention de l'État a été nécessaire, répartissant la dette sur les contribuables. Et, nous en payons tous le prix aujourd'hui encore.

Compte tenu de leurs expériences précédentes, peut-être sont-ils enfin prêts pour un changement de paradigme.

La voie à suivre pourrait être la suivante : en enregistrant les contrats immobiliers auprès d'un NFT stocké de manière indélébile avec des contrats intelligents, sur une blockchain sécurisée et transparente. Il ne pourrait y avoir aucune possibilité d'hypothéquer encore frauduleusement des biens immobiliers, tous les actifs financiers pertinents, dont le retour sur le marché boursier pourrait être contrôlé en temps réel. Personne ne se serait blessé ou n'aurait acheté de titres toxiques parce qu'ils n'auraient pas pu les émettre et le système ne se serait pas effondré comme un château de cartes.

Le temps est venu pour un secteur immobilier plus responsable et plus conscient.

Métaverse

Le métaverse aura un impact profond sur le travail, les activités traditionnelles, la société et la façon dont les humains interagissent entre eux. Il promet d'être plus immersif, interactif et collaboratif que ce qu'Internet a réalisé jusqu'à présent, tout comme l'avènement de la télévision en couleur par rapport au noir et blanc. Mais, comme pour tout écosystème, le fonctionnement du Métaverse dépendra de la facilité avec laquelle les personnes pourront **effectuer des transactions**. C'est là que les crypto-monnaies entrent en jeu.

Pourtant, malgré les grandes ambitions et les promesses faites par de nombreux entrepreneurs qui se lancent dans cet espace, il est devenu évident que la technologie blockchain soutiendra le métaverse et contribuera à créer un écosystème durable pour tous.

Lorsque la pandémie de COVID-19 a fait rage dans le monde et dans des économies bien établies, c'est Internet et les aides technologiques résultant du travail à domicile qui ont permis aux entreprises de rester à flot et probablement même de se développer rapidement. Divers secteurs tels que l'éducation ont radicalement changé après la pandémie et sont devenus plus technologiques.

Le métaverse pourrait potentiellement modifier davantage ces secteurs en introduisant des dispositifs portables établis sur la réalité virtuelle (RV). Ces dispositifs portables permettront aux utilisateurs de découvrir un autre monde virtuel depuis leur domicile. Les personnes pourront interagir sans devoir faire de longs trajets, respirer de l'air pollué ou même s'habiller pour différentes occasions. Les enfants pourront étudier divers sujets et modules à leur propre rythme et élargir leurs horizons au-delà de ce qui est actuellement possible avec les programmes d'études traditionnels.

Les loisirs et les activités récréatives, comme le visionnage de films ou les interactions sociales avec des amis, auront leurs alternatives dans le monde virtuel sans les problèmes liés au monde physique.

En bref, les possibilités offertes par le métaverse sont **infinies**.

La société technologique Together Labs a récemment annoncé que VCORE, un jeton ERC-20 qui récompense les joueurs, créateurs et gagnants internationaux actifs dans le métaverse, sera disponible pour les utilisateurs en dehors des États-Unis et du Canada via sa plateforme IMVU. Avec la relance d'un nouveau jeton d'ici à 2022, VCORE devrait permettre à ses utilisateurs d'accéder à un nouveau type d'économie dans laquelle chaque joueur pourra participer à l'avenir du métaverse.

Mais, comme je l'ai dit, pour chaque écosystème, le fonctionnement du métaverse dépendra de la facilité avec laquelle les personnes pourront effectuer des transactions. C'est là qu'interviennent les crypto-monnaies qui ont déjà donné le feu vert à divers projets qui les utilisent pour faciliter le passage du monde réel au monde numérique.

Avec l'avènement des transactions simplifiées et la possibilité de convertir en toute transparence les monnaies légales en crypto-monnaies, les personnes passeront du monde physique au métaverse avec une relative facilité. Les consommateurs achèteront des avatars numériques et des terrains virtuels et organiseront même une fête pour leurs proches en utilisant des jetons cryptographiques émis par des entités qui facilitent ces interactions virtuelles.

Les artistes se produiront dans le métaverse, seront payés en crypto-monnaies et échangeront ces gains contre des biens pour vivre dans le monde physique. L'expansion du métaverse augmentera la valeur débloquée et conduira potentiellement à une expansion rapide de l'économie mondiale.

Le métaverse est devenu la prochaine évolution naturelle de la façon dont les personnes interagissent numériquement et les possibilités sont infinies.

Il existe des options comme Sandbox, pour les esprits créatifs et les joueurs qui veulent construire des expériences. Il y a aussi un Decentraland, qui devient un hub, un collecteur pour toutes sortes d'événements.

Il existe également des plateformes telles qu'Axie Infinity et Starl qui, bien que complètement différentes, sont tout aussi florissantes dans leur espace numérique.

15 - CONCLUSIONS

La pandémie a mis à mal cette progression, car presque tous ceux qui avaient l'habitude de travailler dans un bureau ont été contraints de s'adapter au travail à distance et au numérique. Par conséquent, tout le monde a plus ou moins **évolué vers le numérique**.

Ce n'est qu'une question de temps avant que les personnes ne commencent à passer plus de temps en dehors du travail dans le métavers.

Aujourd'hui, nous disposons déjà d'une version naissante du métavers existant avec des actifs numériques tels que les jetons non fongibles (NFT) représentant l'art populaire et les reliques numériques déjà exploités par les investisseurs et les fans de crypto-monnaies.

Avec des acteurs majeurs tels que Meta Platforms Inc. entrant dans cet espace et signalant que cela pourrait être le nouvel avenir, ce n'est qu'une question de temps avant que d'autres entités ne suivent le mouvement. Tout cela pourrait conduire à une expansion exponentielle des frontières du métavers et débloquer de vastes volumes de valeur jusqu'ici inconnus des consommateurs et des investisseurs.

C'est comme lorsque j'ai essayé d'expliquer **l'avènement d'Internet** dans des salons internationaux au début des **années 1990**. Au fil du temps, tous les visages incrédules de cette époque ont dû changer d'avis, et certains d'entre eux, tôt ou tard, ont dû accepter et s'adapter pour survivre. Les joueurs changent, mais la musique reste la même. Je l'ai vu à l'époque, et dans mon cœur, je pense qu'à la lumière de ces expériences, je le vois mieux maintenant.

Plus vite les personnes accepteront les changements en cours et s'adapteront à l'époque, plus vite ils cesseront de se comporter comme des dinosaures analogiques.

Accepter le changement rend les espèces résilientes,

quelles qu'elles soient.

Les dinosaures enseignent.

L'avenir est déjà là, que vous le vouliez ou non, et rien ne sera plus jamais comme avant.

....

Merci d'être venu jusqu'ici.

Je vous souhaite richesse et liberté.

....

Si vous avez apprécié le voyage que nous avons fait ensemble, la meilleure reconnaissance que vous puissiez me donner est de laisser une évaluation sur la plateforme où vous avez acheté le livre.

Merci beaucoup.

Francis Flobert
Éditeur Evolutpress

Par le même auteur, disponible sur
Amazon Kindle et Paperback :

Notes:

....

....

....

....

....

....

....

....

....

Printed in France by Amazon
Brétigny-sur-Orge, FR